W0328333

Backen mit Gemüse

Backen mit Gemüse

KOHL IM KUCHEN?
UNBEDINGT VERSUCHEN!

Parragon
Bath • New York • Cologne • Melbourne • Delhi
Hong Kong • Shenzhen • Singapore • Amsterdam

This edition published by Parragon Books Ltd

Parragon Books Ltd
Chartist House
15-17 Trim Street
Bath BA1 1HA, UK
www.parragon.com

Neue Rezepte: Christine McFadden
Neue Fotos: Haarala Hamilton
Lektorat: Fiona Biggs

Copyright © Parragon Books Ltd

Alle Rechte vorbehalten. Die vollständige oder auszugsweise Speicherung, Vervielfältigung oder Übertragung dieses Werkes, ob elektronisch, mechanisch, durch Fotokopie oder Aufzeichnung, ist ohne vorherige Genehmigung des Rechteinhabers urheberrechtlich untersagt.

Copyright © für die deutsche Ausgabe
Parragon Books Ltd
Chartist House
15-17 Trim Street
Bath, BA1 1HA UK
www.parragon.com

Realisation der deutschen Ausgabe: trans texas publishing services GmbH, Köln
Übersetzung: Wiebke Krabbe, Damlos; u.a.

ISBN 978-1-4748-0964-1
Printed in China

HINWEIS

Sind Zutaten in Löffeln angegeben, ist immer ein gestrichener Löffel gemeint: Ein Teelöffel entspricht 5 ml, ein Esslöffel 15 ml. Sofern nicht anders angegeben, wird Vollmilch (3,5 % Fett) verwendet. Eier und einzelne Gemüsestücke sind von mittlerer Größe. Pfeffer wird grundsätzlich frisch gemahlen verwendet. Wurzelgemüse sollte vor der Weiterverarbeitung geschält werden.

Garnierungen, Dekorationen und Serviervorschläge sind kein fester Bestandteil der Rezepte und daher nicht unbedingt in der Zutatenliste oder Zubereitung aufgeführt. Die angegebenen Zeiten können von den tatsächlichen abweichen, da je nach Zubereitungsmethode und vorhandenem Herdtyp Schwankungen auftreten.

Kinder, ältere Menschen, Schwangere, Kranke und Rekonvaleszenten sollten auf Gerichte mit rohen oder nur leicht gegarten Eiern verzichten. Schwangere und stillende Frauen sollten den Verzehr von Erdnüssen oder erdnusshaltigen Zubereitungen vermeiden. Allergiker sollten bedenken, dass in allen in diesem Buch verwendeten Fertigprodukten Spuren von Nüssen enthalten sein könnten. Bitte lesen Sie in jedem Fall zuvor die Verpackungsangaben.

Gebäck und Desserts mit Gemüse liegen im Trend, sind aber eigentlich gar nicht neu. Rüblikuchen serviert man in der Schweiz, Kürbispastete in den USA, und in der Amalfi-Region an der italienischen Küste gehört ein süßes Dessert aus Auberginen und Schokolade zu den traditionellen Sommerdesserts. In Schweden und Deutschland gibt man gestampfte Kartoffeln an Schokoladenkuchen, und im Nahen Osten sind Karotten eine beliebte Zutat für Gebäck und Süßspeisen. 2011 ergab eine Umfrage, dass Karottenkuchen der Lieblingskuchen der Briten ist. Wenn Karotten, Kürbis und Kartoffeln als Kuchenzutaten taugen, warum dann nicht auch andere Gemüsesorten wie Blumenkohl oder Pastinaken? Wer gern backt, wird an solchen Experimenten Freude haben – und Eindruck machen. Das Backen macht Spaß, und das Gemüse gibt dem Gebäck Farbe und Biss. Die Rezepte eignen sich auch bestens, um Ernteüberschüsse aus dem eigenen Gemüsegarten abwechslungsreich zu verwerten.

Esst mehr Gemüse!

Wir alle kennen die Regel „Fünf Portionen pro Tag". Eine neue Studie, die über zwölf Jahre an University College London durchgeführt wurde, hat aber ergeben, dass sieben oder mehr Portionen Obst und Gemüse (und zwar hauptsächlich Gemüse) nötig sind, um das Risiko von Herzinfarkten, Schlaganfällen, Diabetes und Übergewicht zu reduzieren. In den USA werden, je nach Kalorienzufuhr, 4–13 Portionen empfohlen.

Gemüse oder Obst?

Im Hinblick auf den gesundheitlichen Nutzen ist Gemüse dem Obst überlegen. Es enthält mehr wichtige Nährstoffe, wie Eisen, Kalzium und Folsäure, sowie Ballaststoffe. Gemüse hat einen geringen Zuckergehalt. Selbst „süßes" Gemüse wie Mais, rote Paprika oder Süßkartoffeln enthalten deutlich weniger Zucker als Obst. Der Vitamin-C- und Kaliumgehalt von Obst und Gemüse ist etwa gleich. In Bezug auf Vitamin A (wichtig für das Wachstum und die Gesundheit von Augen, Haut und Schleimhäuten) stellt grünes Blattgemüse und orangefleischiges Gemüse wie Aprikosen, Melonen und Mangos in den Schatten. Obst enthält mehr Säure, wird also oft stärker gezuckert, und durch seinen hohen Saftgehalt können Kuchen schwer werden.

Warum nicht Gemüse?

Wer Gemüse als Hauptzutat für Kuchen und Desserts verwendet, kann mit gutem Gewissen naschen.

Wurzelgemüse – Karotten, Pastinaken und Rote Bete eignen sich hervorragend für Gebäck. Wegen ihrer natürlichen Süße kann man Zucker sparen. Sie sind reich an Ballaststoffen und sorgen, wie alle Gemüsearten, für die notwendige Feuchtigkeit. Dadurch wird die Konsistenz des Teigs besser, und obendrein lässt sich Fett einsparen.

Gemüse eignet sich auch als natürlicher Farbgeber. Es wird einfach im Mixer fein püriert und dann verwendet, um Zuckerguss, Glasur, Buttercreme oder Marzipan zu färben. Mit kleinen Blättern lässt sich außerdem hübsch dekorieren.

Wo einkaufen?

Perfektes Gebäck gelingt nur mit besten Zutaten. Es gilt

also, die besten Einkaufsquellen zu kennen oder im eigenen Garten den optimalen Erntezeitpunkt abzupassen. Beim Einkauf spielt auch eine Rolle, wie viel Zeit Sie haben, wie weit Sie fahren wollen, ob Sie ortsansässige Betriebe unterstützen wollen oder sich Gedanken über die Herkunft der Ware machen.

HOFLÄDEN – Gute Hofläden bieten tagesfrisches Gemüse aus eigenem Anbau an. Die Preise sind nicht unbedingt niedrig, aber die Ware ist meist von sehr guter Qualität und sehr frisch.

WOCHENMÄRKTE – Hier bieten Erzeuger aus der Region ihre Produkte an. Meist können Sie Auskunft über die verschiedenen Sorten und den Anbau geben.

GEMÜSEKISTE – Möglich ist auch, sich Gemüse der Saison ins Haus liefern zu lassen. Rechnen Sie mit Überraschungen und mit Wiederholungen.

STRASSENSTAND – Viele Erzeuger bieten in der Region ihre saisonalen Produkte an einfachen Straßenständen frisch geerntet an.

GEMÜSEHÄNDLER – In kleinen Gemüseläden bekommt man meist frische Ware aus der Umgebung, die der Händler selbst eingekauft hat.

SUPERMÄRKTE – Hier bekommt man rund ums Jahr eine große Auswahl von Gemüse, das oft importiert ist. Auch gewaschene und küchenfertig vorbereitete Ware ist erhältlich. Abgepackte Ware muss mit einem Mindesthaltbarkeitsdatum versehen sein, es gibt aber keine Garantie, dass es bis zu diesem Termin in Topform bleibt.

BIOMÄRKTE – Inzwischen erhält man hier nicht nur einheimisches Obst und Gemüse, sondern auch Importware von exotischen Sorten. Auch wenn der Preis etwas höher als im Supermarkt ist, lohnt sich der Einkauf, denn Bio-Obst und Gemüse ist wesentlich aromatischer als solches aus konventionellem Anbau.

Frisches Gemüse vor der Verarbeitung immer waschen - auch wenn es abgepackt und gewaschen gekauft wurde.

Wann einkaufen?

Das Klima ist von Land zu Land und von Region zu Region unterschiedlich. Die globale Erwärmung trägt außerdem dazu bei, dass das Wetter unberechenbarer wird. Das kann bewirken, dass sich die Saison für manche Gemüsearten, etwa Erbsen oder Kürbisse, verlängert oder verkürzt, oder dass sie früher oder später als erwartet reifen.

Wenn Sie keine Kiste mit Saisongemüse abonniert haben, studieren Sie das Angebot von Hofläden und Bio-Märkten sowie traditionellen Gemüsehändlern.

Was einkaufen?

Natürlich beeinflussen Sorte und Anbaumethode den Geschmack. Vor allem kommt es aber darauf an, dass Gemüse im besten Reifezustand geerntet und sofort verkauft wird.

BIO-GEMÜSE – Dieses Gemüse ist weder mit Pestiziden oder Kunstdüngern behandelt noch genetisch verändert. Geschmacklich ist es dem Gemüse aus Intensiv-Anbau meist überlegen. Besonders Karotten und rote Paprika aus Bio-Anbau sind sehr aromatisch.

REGIONALES GEMÜSE – Kleine Anbaubetriebe setzen, auch wenn sie keinen Bio-Anbau betreiben, oft nur wenige Chemikalien ein. Dieses Gemüse schmeckt häufig ebenso gut wie Bio-Ware.

ALTE SORTEN – Seit Generationen kultivieren Bauern und Gärtner Gemüsesorten, die wegen ihres großartigen Geschmacks geschätzt werden.

BETRIEBE ZUM SELBSTERNTEN – Dort werden meist Sorten angebaut, die sich in der jeweiligen Region bewährt haben.

Die wichtigsten Utensilien

Für die meisten Backrezepte brauchen sie nicht viel Werkzeug und Zubehör. Andererseits geht selbst erfahrenen Bäckern die Arbeit nur mühsam von der Hand, wenn die richtigen Utensilien fehlen. Lesen Sie jedes Rezept zu Beginn sorgfältig durch und legen Sie sich alles, was Sie benötigen, bereit.

KÜCHENWAAGE
Auf eine gute Waage zum akkuraten Abmessen der Zutaten sollten Sie nicht verzichten. Wagen mit digitaler Anzeige lassen sich besonders leicht ablesen. Konventionelle Waagen wiegen ebenso genau, wenn sie richtig gehandhabt werden.

MESSLÖFFEL
Sie sind praktisch zum Abmessen kleiner Zutatenmengen, z.B. Triebmittel, gemahlene Gewürze oder Aromen.

KOCHLÖFFEL
Schaffen Sie sich mehrere Kochlöffel in verschiedenen Größen zum Rühren an.

TEIGSCHABER
Mit einem guten Schaber aus Kunststoff können Sie sicher sein, dass auch der letzte Rest Teig in die Form gelangt.

RÜHRSCHÜSSELN & MESSBECHER
Zwei oder drei Rührschüsseln in verschiedenen Größen sind empfehlenswert, beispielsweise Schüsseln aus hitzebeständigem Glas oder Keramik sowie Kunststoffschüsseln, die es in hübschen Farben gibt. Mit einem hitzebeständigen Glas-Messbecher werden Flüssigkeiten abgemessen.

FÖRMCHEN FÜR MUFFINS
Papierbackförmchen kann man in vielen Farben und in verschiedenen Größen in Supermärkten, Haushaltswarengeschäften und im Internet kaufen. Auch wiederverwendbare Silikonförmchen sind in verschiedenen Farben und Größen erhältlich.

BACKBLECHE & -FORMEN
Backbleche mit und ohne Antihaftbeschichtung sind für Plätzchen, Blechkuchen und andere Leckereien unverzichtbar. Backformen gibt es in vielen Größen und Formen, darunter hohe und flachere Kastenformen, Gugelhupfformen, Springformen, Tarteformen mit festem und herausnehmbarem Boden oder Muffinbleche mit mehreren Vertiefungen. Silikon-Backformen sind in ähnlich großer Auswahl erhältlich. Sie brauchen weder gefettet noch mit Backpapier ausgelegt zu werden.

HANDMIXER & KÜCHENMASCHINE
Mit einem Handmixer sind Teige im Nu gerührt oder geknetet. Die Küchenmaschine eignet sich zusätzlich auch für andere Zwecke, etwa zum Raspeln von Gemüse oder zum Reiben von Schokolade oder Käse.

SPRITZBEUTEL & TÜLLEN
Wer Kuchen und Desserts edel verzieren will, sollte sich einen Spritzbeutel und eine Auswahl von Tüllen zulegen. Beutel aus Nylon sind stabil und waschbar, andererseits sparen Einwegbeutel aus Kunststofffolie oder Papier Zeit. Für perfekte Verzierungen brauchen Sie Tüllen aus Edelstahl oder Kunststoff - mindestens eine kleine Lochtülle zum Schreiben sowie eine große und eine kleine Sterntülle.

KAPITEL 1:

Kuchen, Törtchen & Brote

Zucchinikuchen mit Frischkäseglasur

Ein Kuchen mit Zucchini schmeckt genauso herrlich wie ein Rüblikuchen. Er ist lecker saftig und hat eine erfrischende cremige Glasur.

FÜR 10 PERSONEN

Zutaten

175 G GEMAHLENE MANDELN
½ TL BACKPULVER
½ TL NATRON
3 EL STEVIA
40 G GEHACKTE GEMISCHTE NÜSSE
50 G BUTTER
2 EIER (GRÖSSE L), VERQUIRLT
5 TROPFEN VANILLEAROMA
200 G ZUCCHINI, GERASPELT

Glasur

200 G DOPPELRAHMFRISCHKÄSE
1 EL STEVIA
FEIN ABGERIEBENE SCHALE UND SAFT VON ¼ BIO-ZITRONE

1. Den Backofen auf 160 °C vorheizen. Eine kleine Kastenform mit Backpapier auskleiden.

2. Mandeln, Backpulver, Natron, Stevia und die Hälfte der Nüsse in einer großen Schüssel gründlich vermischen.

3. Die Butter in einem kleinen Topf bei niedriger bis mittlerer Hitze zerlassen. Über die Trockenzutaten gießen. Eier, Vanillearoma und Zucchini zugeben und alles zu einem Teig verarbeiten.

4. Den Teig in die vorbereitete Form füllen und glatt streichen. Im vorgeheizten Ofen 55–60 Minuten backen, bis der Kuchen schön aufgegangen ist. Einen Holzspieß in die Teigmitte stechen. Wenn nichts daran haften bleibt, ist der Teig durchgebacken. Den Kuchen 15 Minuten abkühlen lassen, dann aus der Form lösen, das Backpapier abziehen und auf einem Kuchengitter erkalten lassen.

5. Für die Glasur Frischkäse und Stevia in einer großen Schüssel glatt rühren. Zitronenschale und -saft kurz einarbeiten. Mit einem Teigschaber auf dem Kuchen verstreichen. Mit den restlichen Nüssen dekorieren und servieren.

...

Tipp

Wenn Sie die Schale von Zitronen verwenden, nehmen Sie unbedingt unbehandelte Früchte. Die Früchte in jedem Fall vorher heiß abwaschen und trocknen. Wählen Sie feste, schwere Zitronen mit möglichst dicker Schale.

Würziger Kürbiskuchen

Kürbis macht diesen Kuchen wunderbar saftig. Er harmoniert außerdem gut mit den Sultaninen, Zitrusschalen und Gewürzen. Ein herrliches Rezept für den Herbst.

FÜR 8 PERSONEN

Zutaten

50 G SULTANINEN
450 G BUTTERNUT-KÜRBISFLEISCH, GEWÜRFELT
150 G BUTTER, PLUS ETWAS MEHR ZUM EINFETTEN
150 G ZUCKER
50 G MANDELN, GEHACKT
25 G ORANGEAT, GEHACKT
25 G ZITRONAT, GEHACKT
ABGERIEBENE SCHALE VON 1 ZITRONE
1½ TL ZIMT
1½ TL INGWERPULVER
90 G KHORASAN-WEIZENMEHL (KAMUTMEHL)
1 GEHÄUFTER TL BACKPULVER
2 EIER, GETRENNT
PUDERZUCKER ZUM BESTÄUBEN

1. Die Sultaninen in einer Schüssel mit kochendem Wasser übergießen und quellen lassen.

2. Den Backofen auf 180 °C vorheizen. Eine runde Springform (24 cm Ø) einfetten.

3. Kürbis und Butter in einem Topf abgedeckt bei mittlerer Temperatur etwa 15 Minuten weich kochen. In eine Schüssel umfüllen und cremig rühren.

4. Zucker, Mandeln, Orangeat, Zitronat, Zitronenschale, Zimt, Ingwer und abgetropfte Sultaninen gut vermischen.

5. Mehl und Backpulver in eine Schüssel sieben. Die Kleie aus dem Sieb zum Mehl geben. Langsam unter die Kürbismasse rühren.

6. Das Eigelb etwa 3 Minuten cremig aufschlagen. Dann unter die Kürbismasse heben.

7. Das Eiweiß steif schlagen und mit einem großen Esslöffel vorsichtig unter den Teig heben. Den Teig in die vorbereitete Form füllen.

8. Im vorgeheizten Ofen 1 Stunde backen oder bis an einem in der Mitte eingestochenen Holzspieß kein Teig mehr haftet. Auf ein Küchengitter stürzen und abkühlen lassen. Kurz vor dem Servieren mit Puderzucker bestreuen.

...

Tipp

Wenn Sie den Kuchen zu einem besonderen Anlass servieren, dekorieren Sie die Oberfläche mit dünnen Zitronen- und Orangenzesten.

Spinat-Apfel-Kuchen mit Apfelglasur

Knackige, geraspelte Äpfel und ein herbes Apfelmus geben dem grünen Kuchen seinen Biss und das frische Aroma. Hübsch sieht es aus, wenn die weiße Glasur mit bunten Streuseln dekoriert wird.

Tipp

Drücken Sie den Spinat vor dem Pürieren unbedingt gründlich aus, zum Beispiel zwischen zwei Tellern. Die Blätter enthalten viel Wasser, und wenn sie zu feucht sind, kann der Kuchen matschig werden.

FÜR 12 PERSONEN

Zutaten

500 G BABYSPINAT
250 G DINKELMEHL (TYPE 630)
1 EL BACKPULVER
½ TL SALZ
3 EIER
150 G ROHROHRZUCKER
125 ML RAPSÖL, PLUS ETWAS MEHR ZUM EINFETTEN
3 EL ZITRONENSAFT
100 G TAFELAPFEL, GROB GERASPELT
10 TROPFEN VANILLEAROMA

Glasur

2 KOCHÄPFEL, GROB GEWÜRFELT
225 G PUDERZUCKER, GESIEBT
25 G WEICHE BUTTER
½ TL FEIN ABGERIEBENE ZITRONENSCHALE

---

1. Den Backofen auf 180 °C vorheizen. Eine quadratische Backform (22 cm x 22 cm) mit Öl einpinseln und mit Backpapier auslegen.

2. Den Spinat 3 Minuten dünsten, sehr gut ausdrücken und in einem Mixer fein pürieren. Bis zur weiteren Verwendung beiseitestellen.

3. Mehl, Backpulver und Salz 2-mal sieben und in eine Schüssel geben. Eier und Zucker in einer zweiten Schüssel mit einem Handmixer 5 Minuten hell und cremig aufschlagen. Öl, Zitronensaft, geraspelten Apfel, Vanillearoma und pürierten Spinat kurz unterrühren. Langsam das Mehl untermischen.

4. Den Teig in die vorbereitete Form füllen. Im vorgeheizten Ofen 25–30 Minuten backen, bis an einem in der Mitte eingestochenen Holzspieß kein Teig mehr haftet. 10 Minuten in der Form abkühlen lassen, dann auf ein Kuchengitter stürzen und vollständig auskühlen lassen.

5. Mit einem scharfen Sägemesser den Kuchen an allen vier Rändern 1,5 cm breit abschneiden. Das grünliche Innere dieser Stücke zwischen den Fingern zu Bröseln zerreiben und beiseitestellen.

6. Für die Glasur die Äpfel mit etwas Wasser in einen Topf geben. Zum Kochen bringen und bei mittlerer bis niedriger Temperatur weich kochen. Mit einer Gabel zerdrücken, dann durch ein Sieb in eine Schüssel streichen. Die restlichen Zutaten zugeben und gut verrühren. Die Masse auf dem Kuchen verteilen und mit den grünen Bröseln bestreuen. Zum Servieren in 12 Quadrate schneiden.

...

Karottenkuchen

Es ist erstaunlich, wie köstlich ein Kuchen mit geraspelten Karotten schmeckt. Die üppige Creme aus Doppelrahmfrischkäse, die dick auf die Oberfläche gestrichen wird, ist eine perfekte Ergänzung.

FÜR 12 PERSONEN

Zutaten

10 G BUTTER, ZUM EINFETTEN
100 G MEHL
1 TL BACKPULVER
1 PRISE SALZ
1 TL LEBKUCHENGEWÜRZ
½ TL FRISCH GERIEBENE MUSKATNUSS
125 G ROHRZUCKER
2 EIER, VERQUIRLT
5 EL SONNENBLUMENÖL
125 G KAROTTEN, GERASPELT
1 BANANE, GEHACKT
25 G GEMISCHTE NÜSSE, GERÖSTET UND GEHACKT
24 WALNUSSKERNHÄLFTEN, ZUM DEKORIEREN

Creme

40 G WEICHE BUTTER
3 EL DOPPELRAHMFRISCHKÄSE
175 G PUDERZUCKER, GESIEBT
1 TL FRISCH GEPRESSTER ORANGENSAFT
ABGERIEBENE SCHALE VON ½ ORANGE

1. Den Backofen auf 180°C vorheizen. Eine quadratische Backform (18 cm x 18 cm) einfetten und mit Backpapier auslegen.

2. Mehl, Backpulver, Salz, Gewürzmischung und Muskatnuss in eine Schüssel sieben. Den Zucker einrühren, dann Eier und Öl untermischen. Karotten, Banane und gehackte Nüsse zufügen und gut verrühren.

3. Den Teig in die vorbereitete Form füllen und die Oberfläche glatt streichen. Im vorgeheizten Ofen 35-40 Minuten goldbraun backen, bis er auf Fingerdruck elastisch nachgibt. Etwas abkühlen lassen, dann auf ein Küchengitter stürzen und vollständig auskühlen lassen.

4. Für die Creme Butter, Doppelrahmfrischkäse, Puderzucker, Orangensaft und -schale in einer Schüssel gut verrühren. Die Creme auf der Oberfläche des Kuchens verteilen und mit einer Gabel Wellenlinien einziehen. In 12 Quadrate schneiden, mit den Walnusshälften dekorieren und servieren.

...

Variation

Wenn sie keine Walnusshälften im Haus haben, bestreuen Sie die Kuchenstücke mit gehackten Nüssen.

Erbsenkuchen mit Zitronenverbene & Zitronenglasur

Junge Erbsen und duftende Zitronenverbene geben diesem leichten, sommerlichen Kuchen seinen Duft und seine frische Farbe. Er wird mit Zitronenverbenensirup getränkt und mit einer Zitrusglasur überzogen.

FÜR 12 PERSONEN

Zutaten

250 G ERBSEN (FRISCH ODER TIEFKÜHLWARE AUFGETAUT)
225 G DINKELMEHL (TYPE 630)
1 EL BACKPULVER
¼ TL SALZ
150 G ROHROHRZUCKER
3 EL FEIN GEHACKTE ZITRONENVERBENE
200 G WEICHE BUTTER, PLUS ETWAS MEHR ZUM EINFETTEN
3 EIER

Sirup

70 G ROHROHRZUCKER
8 STÄNGEL FRISCHE ZITRONENVERBENE
5 EL WASSER

Glasur

5-6 EL ZITRONENSAFT
325 G PUDERZUCKER, GESIEBT
2-3 TROPFEN GRÜNE LEBENSMITTELFARBE

1. Eine quadratische Backform (20 cm x 20 cm) einfetten und mit Backpapier auslegen. Den Backofen auf 160 °C vorheizen.

2. In einem kleinen Topf Wasser zum Kochen bringen. Die Erbsen zufügen, wieder zum Kochen bringen und 3 Minuten bissfest garen. Abgießen und unter fließend kaltem Wasser abschrecken. Im Mixer 2–3 Minuten fein pürieren, dabei zwischendurch die Masse von den Mixerwänden schaben.

3. Mehl, Backpulver und Salz 2-mal sieben und in eine Rührschüssel geben.

4. 3 Esslöffel Zucker und die Zitronenverbene im Mörser zerstoßen. Butter, restlichen Zucker und Zitronenverbenenmischung in einer Schüssel mit dem Handmixer 3 Minuten schaumig aufschlagen. Die Eier einzeln und abwechselnd mit der Mehlmischung zufügen, und immer gut einarbeiten. Die pürierten Erbsen zugeben und mit einer Gabel untermischen.

5. Den Teig in die vorbereitete Form füllen und die Oberfläche glatt streichen. Im vorgeheizten Ofen 25–30 Minuten backen, nach der Hälfte der Zeit die Form umdrehen. Der Kuchen ist gar, wenn an einem in der Mitte eingestochenen Holzspieß kein Teig mehr haftet. 10 Minuten in der Form abkühlen lassen, dann auf ein Kuchengitter stürzen (Boden des Kuchens liegt oben) und vollständig auskühlen lassen.

6. Alle Zutaten für den Sirup in einem kleinen Topf zum Kochen bringen und 1 Minute köcheln lassen. Vom Herd nehmen und beiseitestellen. Das Kuchengitter mit dem Kuchen auf ein Backblech stellen. Den Sirup durch ein feines Sieb in eine Schüssel abgießen, dann auf den Kuchen löffeln und einziehen lassen.

7. Für die Glasur den Zitronensaft teelöffelweise unter den Puderzucker rühren, bis eine zähe Flüssigkeit entsteht. 120 g Glasur in eine Schüssel abfüllen, die restliche Glasur auf dem Kuchen verteilen und an den Seiten herablaufen lassen.

8. Die Lebensmittelfarbe unter die abgefüllte Glasur rühren. In einen Spritzbeutel mit kleiner Lochtülle füllen und kleine Zweige und Punkte auf den Kuchen spritzen, die wie Verbenen und Erbsen aussehen.

...

Rote-Bete-Schokoladenkuchen mit Kokos

FÜR 10-12 PERSONEN

Zutaten

- 5 ROTE BETEN (ETWA 500 G)
- BUTTER, ZUM EINFETTEN
- 200 G DINKELMEHL (TYPE 630)
- 6 EL KAKAOPULVER
- 2 TL BACKPULVER
- 200 G ROHROHRZUCKER
- 100 G ZARTBITTERSCHOKOLADE (85% KAKAOANTEIL), IN KLEINE STÜCKE GEBROCHEN
- 3 EIER
- 200 G FESTES KOKOSÖL

Schokoladenglasur

- 3 EL ROHROHRZUCKER
- 3 EL MILCH
- 75 G ZARTBITTERSCHOKOLADE (85% KAKAOANTEIL), IN KLEINE STÜCKE GEBROCHEN
- 75 G BUTTER

Rote-Bete-Glasur

- 120 G PUDERZUCKER, GESIEBT
- 2–2½ EL WASSER
- 1 TL ROTE-BETE-PULVER

1. Die Roten Beten schälen, in 1 cm große Würfel schneiden und 30 Minuten dünsten, bis sie gar sind. Alternativ 10 Minuten in der Mikrowelle auf hoher Stufe garen. 2–3 Minuten im Mixer glatt pürieren, dabei die Masse mehrmals von den Mixerwänden nach unten schaben. Stehen lassen.

2. Den Backofen auf 160 °C vorheizen. Eine runde Springform (24 cm Ø) einfetten und mit Backpapier auslegen.

3. Mehl, Kakaopulver und Backpulver 2-mal sieben und in eine Schüssel geben. Den Zucker untermischen.

4. Die Schokolade in eine hitzebeständige Schüssel geben, auf einen Topf mit schwach köchelndem Wasser setzen und schmelzen.

5. Das Rote-Bete-Püree in die Schüssel der Küchenmaschine geben und bei laufendem Motor die Eier einzeln zugeben, dann das Öl zufügen. Die Mischung unter die trockenen Zutaten rühren, dann die geschmolzene Schokolade einarbeiten.

6. Den Teig in die vorbereitete Form füllen. Im vorgeheizten Ofen 50–60 Minuten backen oder bis an einem in der Mitte eingestochenen Holzspieß kein Teig mehr haftet. Falls die Oberfläche zu dunkel wird, mit Alufolie abdecken. 10 Minuten in der Form abkühlen lassen, dann auf ein Kuchengitter setzen und vollständig auskühlen lassen.

7. Alle Zutaten für die Schokoladenglasur in einem kleinen Topf bei mittlerer bis niedriger Temperatur unter ständigem Rühren schmelzen. Die Glasur auf dem abgekühlten Kuchen verteilen und an den Seiten herunterlaufen lassen.

8. Für die Rote-Bete-Glasur den Puderzucker mit dem Wasser zu einer glatten Paste verrühren. Das Rote-Bete-Pulver unterrühren. In eine Glasurspritze mit kleiner Lochtülle füllen und Zickzackmuster auf den Kuchen spritzen.

...

Pastinaken-Orangen-Cupcakes mit Orangenglasur

ERGIBT 12 STÜCK

Zutaten

200 G DINKELMEHL (TYPE 630)
2 TL BACKPULVER
½ TL NATRON
¼ TL SALZ
1 TL CHINESISCHES FÜNF-GEWÜRZE-PULVER
200 G PASTINAKE, SEHR FEIN GERASPELT
2 EL FEIN GEHACKTER KANDIERTER INGWER
1½ EL ABGERIEBENE ORANGENSCHALE
120 G WEICHE BUTTER
130 G ROHROHRZUCKER
2 EIER
4 EL ORANGENSAFT
150 ML BUTTERMILCH
IN SCHEIBEN GESCHNITTENER KANDIERTER INGWER, ZUM DEKORIEREN (NACH BELIEBEN)

Orangenglasur

100 G PUDERZUCKER, GESIEBT
3–5 TL ORANGENSAFT

1. Den Backofen auf 180 °C vorheizen. Eine 12er-Muffinform mit Papierbackförmchen auslegen.

2. Mehl, Backpulver, Natron, Salz und Fünf-Gewürze-Pulver in eine Schüssel sieben. Pastinake, Ingwer und Orangenschale zufügen und alles mit einer Gabel vermengen.

3. Butter und Zucker in einer Schüssel mit dem Handmixer etwa 3 Minuten hell und schaumig aufschlagen. Die Eier einzeln und abwechselnd mit der Mehlmischung zugeben und jeweils gut einarbeiten. Langsam Orangensaft und Buttermilch einrühren.

4. Den Teig in die Papierbackförmchen füllen und im vorgeheizten Ofen 20–25 Minuten backen, bis an einem in der Mitte eingestochenen Holzspieß keine Teigreste mehr haften. Nach der Hälfte der Backzeit die Form einmal drehen.

5. 10 Minuten in der Form abkühlen lassen, dann auf ein Kuchengitter setzen und vollständig auskühlen lassen.

6. Für die Orangenglasur den Puderzucker in eine Schüssel geben. Teelöffelweise so viel Orangensaft einrühren, bis eine spritzfähige Masse entsteht.

7. Die Glasur in eine Glasurspritze mit kleiner Lochtülle füllen und Zickzackmuster auf die Cupcakes spritzen. Nach Belieben mit einigen Scheiben kandiertem Ingwer dekorieren.

...

Süßkartoffel-Kokos-Cupcakes mit Limetten-Kokos-Glasur

Die kleinen Cupcakes mit dem Limetten-Kokos-Aroma verbreiten Tropenstimmung. Orangefleischige Süßkartoffeln geben dem Teig eine schöne Farbe und machen ihn herrlich saftig.

ERGIBT 16-18 STÜCK

Zutaten

2 SÜSSKARTOFFELN
175 G DINKELMEHL (TYPE 630)
2 TL BACKPULVER
½ TL NATRON
½ TL INGWERPULVER
¼ TL SALZ
150 G ROHROHRZUCKER
120 G FESTES KOKOSÖL
2 EIER (GRÖSSE L)

Glasur

225 G WEICHE BUTTER, GEWÜRFELT
325 G PUDERZUCKER, GESIEBT
100 G KOKOSCREME, GESCHMOLZEN
2–3 TROPFEN VANILLEAROMA
⅛ TL SALZ
½ EL FEIN ABGERIEBENE LIMETTENSCHALE
1 EL LIMETTENSAFT

Zum Dekorieren

GERÖSTETE KOKOSFLOCKEN (NACH BELIEBEN)
LIMETTENZESTEN (NACH BELIEBEN)

1. Den Backofen auf 220 °C vorheizen. Die Süßkartoffeln auf einem Backblech im vorgeheizten Backofen 45 Minuten garen. Etwas abkühlen lassen, dann pellen und in der Küchenmaschine glatt pürieren. Beiseitestellen.

2. Die Ofentemperatur auf 180 °C reduzieren. Papierbackförmchen in 9 Vertiefungen einer 12er-Muffinform setzen.

3. Mehl, Backpulver, Natron, Ingwer und Salz 2-mal sieben und in eine Schüssel geben.

4. Zucker und Kokosöl in einer anderen Schüssel mit dem Handmixer 3 Minuten hell und schaumig aufschlagen. Die Eier einzeln und abwechselnd mit der Mehlmischung zugeben, dabei jeweils gut einarbeiten. Das Süßkartoffelpüree einrühren.

5. Die Papierbackförmchen zu zwei Dritteln mit dem Teig füllen. Im vorgeheizten Ofen 15–20 Minuten backen, bis an einem in der Mitte eingestochenen Holzspieß kein Teig mehr haftet. Nach der Hälfte der Backzeit die Form drehen. 10 Minuten in der Form abkühlen lassen, dann auf ein Kuchengitter setzen und vollständig auskühlen lassen.

6. Für die Glasur Butter und Puderzucker in einer Schüssel 1 Minuten schaumig aufschlagen. Dann die restlichen Zutaten unterrühren.

7. Die Glasur auf den Cupcakes verteilen. Nach Belieben mit gerösteten Kokosflocken und Limettenzesten dekorieren.

...

Tipp

Noch interessanter schmecken die Cupcakes, wenn Sie einen Schuss Rum unter die Glasur rühren.

Dunkle Schoko-Kartoffel-Muffins mit schwarzem Pfeffer

Für einen Rest Kartoffelpüree gibt es keine bessere Verwendung als diese unwiderstehlichen Muffins. Frisch gemahlener schwarzer Pfeffer gibt ihnen das gewisse Etwas, und mit einer Zucker-Pfeffer-Mischung bestreut laden sie zum Hineinbeißen ein.

ERGIBT 12 STÜCK

Zutaten

175 G DINKELMEHL (TYPE 630)
3 EL KAKAOPULVER
2 TL BACKPULVER
½ TL NATRON
½ TL FRISCH GEMAHLENER SCHWARZER PFEFFER
¼ TL SALZ
75 G ROHROHRZUCKER
100 G WEICHE BUTTER
2 EIER
200 G KALTES, UNGEWÜRZTES KARTOFFELPÜREE
125 G GRIECHISCHER JOGHURT
10 TROPFEN VANILLEAROMA
50 G SCHOKOLADE (85% KAKAO-ANTEIL), KLEIN GEHACKT
1 EL ROHROHRZUCKER UND ¼ TL FRISCH GESCHROTETER SCHWARZER PFEFFER, ZUM DEKORIEREN

1. Den Backofen auf 180 °C vorheizen. In die Vertiefungen einer 12er-Muffinform Papierbackförmchen setzen.

2. Mehl, Kakaopulver, Backpulver, Natron, Pfeffer und Salz 2-mal sieben und in eine Schüssel geben.

3. Zucker und Butter in einer Schüssel mit dem Handmixer 2–3 Minuten hell und schaumig aufschlagen. Die Eier einzeln und abwechselnd mit der Mehlmischung unterrühren. Kartoffelpüree, Joghurt, Vanillearoma und Schokolade unterrühren.

4. Den Teig in die Papierbackförmchen füllen und im vorgeheizten Ofen 15–20 Minuten backen, bis an einem in der Mitte eingestochenen Holzspieß keine Teigreste mehr haften. Nach der Hälfte der Backzeit die Form einmal drehen.

5. 10 Minuten in der Form abkühlen lassen, dann die Muffins auf ein Kuchengitter setzen und vollständig auskühlen lassen.

6. Den Zucker mit dem Pfefferschrot mischen und etwas von der Mischung auf jeden Muffin streuen.

...

Rotkohl-Apfel-Muffins mit Schokolade

Diese leckeren Muffins enthalten neben fruchtigem Apfel, knackigen Haselnüssen und aromatischer Orangenschale auch gehobelten Rotkohl. Er macht die Muffins herrlich saftig, aber niemand würde erraten, dass er die Hauptzutat ist.

ERGIBT 12 STÜCK

Zutaten

80 G HASELNÜSSE
1 EL ZERLASSENE BUTTER
150 G MEHL
150 G WEIZENVOLLKORNMEHL
4 EL KAKAOPULVER
2 TL BACKPULVER
1 TL NATRON
½ TL SALZ
¼ TL FRISCH GERIEBENE MUSKATNUSS
125 G ROHROHRZUCKER
125 G ROTKOHL, SEHR FEIN GERASPELT, DANN GEHACKT
1 TL ZITRONENSAFT
70 G KNACKIGER DESSERTAPFEL, GROB GERASPELT
2 TL FEIN ABGERIEBENE ORANGENSCHALE
2 EIER
225 ML BUTTERMILCH
4 EL HASELNUSSÖL
10 TROPFEN VANILLEAROMA

1. Den Backofen auf 180 °C vorheizen. Die Haselnüsse auf einem Backblech im vorgeheizten Ofen 10 Minuten rösten, dann die Häute mit einem sauberen Küchentuch abreiben. Die Nüsse grob hacken, mit der Butter mischen und beiseitestellen.

2. Die Backofentemperatur auf 220 °C erhöhen. In die Vertiefungen einer 12er-Muffinform Papierbackförmchen setzen.

3. Mehl, Vollkornmehl, Kakaopulver, Backpulver, Natron, Salz und Muskatnuss in eine große Schüssel sieben. Auch die Kleie aus dem Sieb zugeben. Den Zucker untermischen.

4. Den Kohl mit dem Zitronensaft beträufeln und mischen. Apfel und Orangenschale zugeben, dann die Mehlmischung darüberstreuen und alles mit den Fingern vermengen. Die Haselnüsse sorgfältig untermischen.

5. Eier, Buttermilch, Öl und Vanillearoma verrühren. Zur Kohlmischung gießen und nur kurz verrühren. Den Teig auf die Papierbackförmchen verteilen.

6. 15-20 Minuten backen, oder bis an einem in der Mitte eingestochenen Holzspieß keine Teigreste mehr haften. 10 Minuten in der Form abkühlen lassen, dann die Muffins auf einem Kuchengitter vollständig auskühlen lassen.

...

Parathas mit Kartoffeln & Blumenkohl

Diese Fladenbrote werden mit einer würzigen Kartoffel-Blumenkohl-Mischung gefüllt. Sie schmecken sehr gut mit Joghurt oder eingelegtem Gemüse. Man kann sie aber auch als Beilage zu jedem Hauptgericht servieren.

ERGIBT 8 STÜCK

Zutaten

225 G WEIZENVOLLKORNMEHL
100 G MEHL, PLUS ETWAS MEHR ZUM BESTÄUBEN
1 TL FRISCH GEMAHLENE KARDAMOMSAMEN
2 TL SALZ
250 ML BUTTERMILCH, ERWÄRMT
150 G GHEE ODER BUTTER, ZERLASSEN

Füllung

2 EL PFLANZEN- ODER ERDNUSSÖL
2 TL KREUZKÜMMELSAMEN
1 EL SCHARFES CURRYPULVER
4 KNOBLAUCHZEHEN, ZERDRÜCKT
2 TL FRISCH GERIEBENE INGWERWURZEL
150 G BLUMENKOHLRÖSCHEN, SEHR FEIN GEHACKT
2 TL SALZ
2 KARTOFFELN, GEKOCHT, GESCHÄLT UND GROB ZERSTAMPFT
6 EL FEIN GEHACKTER, FRISCHER KORIANDER

---

1. Für die Füllung das Öl in einer großen Pfanne auf mittlerer Stufe erhitzen. Kreuzkümmelsamen, Currypulver, Knoblauch, Ingwer und Blumenkohl zugeben und 8–10 Minuten braten, bis der Blumenkohl gar ist. Salz und Kartoffeln zugeben und gut vermengen. Vom Herd nehmen und den Koriander unterrühren. Abkühlen lassen.

2. Die Mehlsorten zusammen mit Kardamom und Salz in eine große Schüssel geben. Eine Mulde in die Mitte drücken, die Buttermilch zusammen mit 2 Esslöffeln Ghee hineingeben und in das Mehl einarbeiten, sodass ein weicher Teig entsteht. Auf einer leicht bemehlten Arbeitsfläche 10 Minuten kneten und zu einer Kugel formen. Den Teig in eine große Schüssel geben und mit einem feuchten Küchentuch zugedeckt 20 Minuten ruhen lassen. Den Teig in 8 gleich große Kugeln teilen, dann diese in 15 cm große Kreise ausrollen.

3. Ein wenig von der Füllung jeweils in die Mitte jedes Teigkreises geben und die Seiten in der Mitte zusammenfalten, um die Füllung einzuschließen. Leicht andrücken und mit einem mit Mehl bestäubten Nudelholz 15 cm große Parathas ausrollen. Mit dem restlichen Teig und der Füllung ebenso verfahren.

4. Eine beschichtete, gusseiserne Grillpfanne oder Bratpfanne auf mittlerer Stufe erhitzen. Jedes Paratha mit etwas Ghee bestreichen. Die Parathas einzeln in die Grillpfanne geben und 1–2 Minuten backen, dabei mit einem Pfannenwender andrücken. Wenden, mit etwas mehr Ghee bestreichen und weitere 1–2 Minuten backen, bis sie gebräunte Stellen bekommen. Aus der Pfanne nehmen, auf einen Teller geben und zum Warmhalten mit Alufolie bedecken, während die restlichen Parathas gebacken werden. Warm servieren.

...

Zucchinibrot mit Parmesan

Senf und Parmesan geben dem milden Brotteig Pepp. Servieren Sie das Brot als Beilage zu einer herzhaften Suppe oder einfach frisch aus dem Backofen mit etwas Butter.

ERGIBT 1 LAIB

Zutaten

- 225 G MEHL, PLUS ETWAS MEHR ZUM BESTÄUBEN
- 225 G WEIZENVOLLKORNMEHL
- 1 TÜTCHEN BACKPULVER
- 1 TL SALZ
- ½ TL PFEFFER
- 1½ TL SENFPULVER
- 60 G BUTTER, GEWÜRFELT, PLUS ETWAS MEHR ZUM EINFETTEN
- 225 G ZUCCHINI, GROB GERASPELT UND TROCKEN GETUPFT
- 150 G PARMESAN, FRISCH GERIEBEN
- 1 TL FEIN GEHACKTER FRISCHER THYMIAN
- 2 EIER, VERQUIRLT
- ETWA 175 ML FETTARME MILCH

1. Den Backofen auf 190 °C vorheizen. Ein Backblech einfetten und beiseitestellen. Mehl und Vollkornmehl in eine Schüssel geben. Backpulver, Salz, Pfeffer und Senfpulver untermischen, dann die Butter zugeben und alles mit den Händen zu einer bröseligen Masse verarbeiten. Zucchini, Käse und Thymian zugeben. Eier und Milch zufügen und alles zu einem weichen Teig vermengen.

2. Den Teig auf einer leicht bemehlten Arbeitsfläche kurz durchkneten, dann zu einem runden Laib (20 cm Ø) formen. Auf das vorbereitete Backblech legen und die Oberseite mit einem scharfen Messer 3-mal recht tief einschneiden.

3. Im vorgeheizten Ofen 40–50 Minuten backen, bis das Brot aufgegangen und goldbraun ist. Auf einem Kuchengitter auskühlen lassen. Warm oder kalt in Scheiben schneiden und servieren.

...

Variation

Ersetzen Sie den Parmesan durch 120 g frisch gegarte, gehackte Champignons und den Thymian durch 2 Esslöffel frisch gehacktes Basilikum.

Gesünder backen

Gemüse macht jede Art von Gebäck gesünder und ermöglicht, ohne schlechtes Gewissen zu naschen. Und wie ist es mit den anderen Zutaten? Natürlich braucht man zum Backen Zucker und Fett, aber auch da gibt es gesündere Alternativen.

MILCHPRODUKTE UND EIER – Diese Grundzutaten verbessern den Geschmack und die Konsistenz. Verwenden Sie Butter statt Margarine. Butter hat einen reineren Geschmack, und Sie können auf Salz verzichten. Sahne und Milch aus biologischer Produktion schmecken besser und enthalten kaum Pestizide. Bio-Eier und Eier von Freilandhühnern oder seltenen Hühnersorten haben einen herrlich frischen Geschmack, ein goldgelbes Dotter und ein festes Eiweiß.

MEHL – Bevorzugen Sie hochwertiges Bio-Weizenmehl, das mit einem traditionellen Steinmahlwerk gemahlen wurde. Vollkornmehl enthält mehr Nährstoffe und Ballaststoffe als Weißmehl. Für Kuchen ist es etwas schwer, aber es kann halb und halb mit Weißmehl gemischt werden.
Dinkel und Khorasan (Kamut) sind alte Weizensorten, die sich hervorragend für Brot eignen. Sie werden ebenso verarbeitet wie Weißmehl.

ZUCKER – Vollrohrzucker eignet sich gut zum Backen, weil er den Teig saftig macht und sich leicht mit Fetten verbindet. Zu Gemüsekuchen passen mildere Zuckersorten am besten. Rohrohrzucker schmeckt mild und ist die richtige Wahl für Kuchen, Plätzchen und Baisers. Er kann immer anstelle von weißem Zucker verwendet werden. Demerara-Zucker gibt Streuseln, Kuchen und Plätzchen eine knusprige Kruste. Palmzucker hat ein intensives Karamellaroma.

KOKOSNUSS – Lange war sie bei Ernährungsexperten verpönt, doch inzwischen zählt man Kokosnuss zu den Superfoods, weil sie die Fettverbrennung ankurbelt und Heißhungerattacken dämpft. Kokosprodukte gibt es in großer Auswahl, und sie gehören unbedingt in die gesunde Bäckerei. Bio-Kokosmilch enthält keine Zusatzstoffe und hat ein gutes Aroma. Sie können als Ersatz für Kuhmilch verwendet werden. Kokoscreme wird gern als fester Block verkauft und enthält ebenfalls keine Zusatzstoffe. Sie wird geschmolzen und in Teige und Glasuren gegeben.
Kokosöl ist ein festes, weißes Fett, das sich vor allem in Rührteigen gut als Ersatz für Butter eignet.

FARBEN FÜR GEBÄCK – Der Saft von Karotten, Roten Beten oder Spinat eignet sich bestens als natürliche Lebensmittelfarbe. Man kann damit Marzipan färben, aus dem dann Figuren geformt werden, oder Glasuren und Cremes eintönen.

Rote-Bete-Buttercreme
75 g Butter schaumig aufschlagen. Langsam 175 g gesiebten Puderzucker unterrühren. Mit 1 Esslöffel Milch verdünnen, dann 2–4 Teelöffel Rote-Bete-Saft einrühren.

DEKORIERUNGEN – Blätter und Samen von Gemüse verraten, was sich im Gebäck verbirgt. Fenchelgrün und -samen beispielsweise sehen hübsch aus und haben einen angenehmen Geschmack. Auch junge Erbsentriebe sind gut geeignet.

Gemüse optimal verarbeiten

Bereiten Sie Gemüse unmittelbar vor der Verarbeitung vor. Am besten kurz in sehr wenig Wasser garen oder – noch besser – dämpfen. Wenn das Gemüse nicht von Wasser umspült ist, gehen weniger Nährstoffe verloren.

Saisonal essen

Die verschiedenen Gemüsesorten schmecken am besten und enthalten die meisten Nährstoffe, wenn sie Saison haben. Suchen Sie nach Saison ein Backrezept aus.

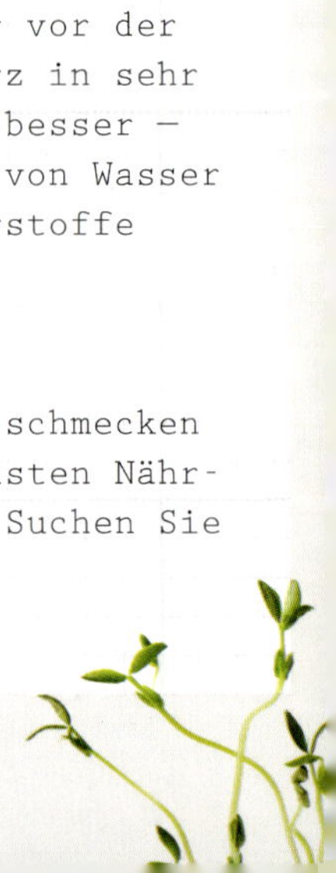

KAPITEL 2:

Plätzchen, Riegel & Schnitten

Pastinaken-Pistazien-Plätzchen mit Schokolade

Die blassen Pastinaken werden oft unterschätzt, dabei schmecken sie köstlich. Hier werden sie püriert und mit Pistazien, Muskatnuss und Zitronenschale kombiniert. Die milden Plätzchen schmecken allen, die es nicht ganz so süß mögen, köstlich zum Kaffee.

Tipp

Entfernen Sie vor dem Garen alle holzigen Teile der Pastinaken. Wurzelgemüse sollte gedämpft werden, so nimmt es kein überschüssiges Wasser auf, und das Püree gelingt besonders gut.

ERGIBT 18-20 STÜCK

Zutaten

2 KLEINE PASTINAKEN, IN STÜCKE GESCHNITTEN
175 G MEHL, PLUS ETWAS MEHR ZUM BESTÄUBEN
1 PRISE SALZ
50 G PUDERZUCKER
½ TL ABGERIEBENE ZITRONENSCHALE
¼ TL FRISCH GERIEBENE MUSKATNUSS
120 G WEICHE BUTTER, GEWÜRFELT
3 EL FEIN GEHACKTE PISTAZIENKERNE

Schokoladenglasur

175 G SCHOKOLADE (85% KAKAO-ANTEIL), IN KLEINE STÜCKE GEBROCHEN

---

1. Die Pastinaken in den Einsatz eines Dämpfers geben und 10-15 Minuten garen. In einem Mixer glatt pürieren. Herausnehmen und beiseitestellen.

2. Mehl, Salz, Puderzucker, Zitronenschale, Muskatnuss und Butter in der Küchenmaschine 5 Sekunden mixen, bis ein krümeliger Teig entsteht. Das Pastinakenpüree zugeben und kurz durchmixen. Die Pistazien zugeben und nochmals ganz kurz mixen. Die Teigmischung auf ein großes Stück Frischhaltefolie geben. Eine 20 cm lange Rolle daraus formen und 2-8 Stunden in den Kühlschrank stellen.

3. Den Backofen auf 190 °C vorheizen. Ein Backblech mit einer Silikon-Backunterlage auslegen.

4. Die Klinge eines scharfen Messers mit Mehl bestäuben und den Teig in 1 cm dicke Scheiben schneiden. Auf das vorbereitete Backblech legen und im vorgeheizten Ofen 18-20 Minuten backen, bis die Ränder goldbraun und die Plätzchen fest sind. Nach der Hälfte der Backzeit das Blech einmal umdrehen. Auf dem Blech abkühlen lassen, dann auf einem Kuchengitter vollständig erkalten lassen.

5. Für die Glasur die Schokolade in eine hitzebeständige Schüssel geben, auf einen Topf mit schwach köchelndem Wasser setzen und schmelzen.

6. Eine Silikonunterlage auf die Arbeitsfläche legen. Jedes Plätzchen zur Hälfte in die Schokolade tauchen, dann auf die Silikonunterlage legen. Die Schokolade erstarren lassen.

...

Mais-Kokos-Plätzchen mit Limette

Kokosnuss und Mais gehen hier eine interessante Fusion mit Limette ein. Weil der Mais von Natur aus süß ist, brauchen Sie weniger Zucker als für ein gängiges Plätzchenrezept.

ERGIBT 18-20 STÜCK

Zutaten

250 G MEHL
150 G INSTANT-MAISGRIESS (POLENTA)
2 TL BACKPULVER
½ TL NATRON
½ TL SALZ
100 G KALTES KOKOSÖL
125 G BUTTER
150 G ROHROHRZUCKER
1 EI, LEICHT VERQUIRLT
175 G MAISKÖRNER, TIEFKÜHLWARE AUFGETAUT UND ABGETROPFT
2 EL FEIN ABGERIEBENE LIMETTENSCHALE

Limettenglasur

180 G PUDERZUCKER, GESIEBT
1 EL FEIN ABGERIEBENE LIMETTENSCHALE
3 EL FRISCH GEPRESSTER LIMETTENSAFT

1. Den Backofen auf 180 °C vorheizen. Ein großes Backblech mit einer Silikonunterlage auslegen.

2. Mehl, Grieß, Backpulver, Natron und Salz in eine große Schüssel sieben.

3. Öl, Butter und Zucker in einer anderen Schüssel mit dem Handmixer 3-5 Minuten hell und schaumig aufschlagen. Langsam Mehlmischung und Ei unterrühren.

4. Den Mais im Mixer fein pürieren und mit der Limettenschale zum Teig geben.

5. Mit einem Esslöffel 18-20 Teigportionen mit etwa 10 cm Abstand auf das vorbereitete Backblech setzen. Mit der Rückseite des Löffels etwas flach drücken.

6. Im vorgeheizten Ofen 15-18 Minuten backen, bis die Ränder gerade goldbraun werden, nach der Hälfte der Backzeit das Blech einmal umdrehen.

7. Die Plätzchen vorsichtig auf ein Kuchengitter legen und vollständig auskühlen lassen.

8. Alle Zutaten für die Glasur in einer Schüssel verrühren. Auf jedes Plätzchen etwas Glasur träufeln und fest werden lassen.

...

Tipp

Die köstlichen Plätzchen halten sich in einer luftdicht schließenden Dose etwa 1 Woche, am besten schmecken sie aber ganz frisch.

Gefüllte Kürbisplätzchen

Die weiche, seidige Textur des Kürbispürees passt hervorragend zur reichhaltigen und herrlich süßen Zimt-Ahorn-Füllung.

ERGIBT 12 STÜCK

Zutaten

275 G MEHL
½ TL BACKPULVER
½ TL NATRON
1½ TL ZIMT
¼ TL SALZ
200 G ROHRZUCKER
125 ML SONNENBLUMENÖL
1 EI (GRÖSSE L), VERQUIRLT
5 TROPFEN VANILLEAROMA
120 G KÜRBISPÜREE AUS DER DOSE

Zimt-Ahorn-Füllung

200 G DOPPELRAHMFRISCHKÄSE
80 G WEICHE BUTTER
2 EL AHORNSIRUP
1 TL ZIMT
80 G PUDERZUCKER, GESIEBT

1. Den Backofen auf 180 °C vorheizen. Zwei oder drei Backbleche mit Backpapier auslegen. Mehl, Backpulver, Natron, Zimt und Salz in eine Schüssel sieben.

2. Zucker und Öl in einer großen Schüssel mit dem Handmixer 1 Minute verquirlen. Ei und Vanillearoma unterrühren, dann das Kürbispüree einarbeiten. Die Mehlmischung sorgfältig unterziehen.

3. Mit einem Spritzbeutel mit kleiner Lochtülle oder mit einem Teelöffel 24 kleine Teigportionen mit ausreichend Abstand auf die Backbleche spritzen bzw. setzen. Im vorgeheizten Ofen 8-10 Minuten backen, bis die Plätzchen gut aufgegangen sind. Die Plätzchen 5 Minuten auf den Blechen abkühlen lassen, dann mit einem Palettenmesser auf ein Kuchengitter heben und vollständig erkalten lassen.

4. Für die Zimt-Ahorn-Füllung Frischkäse und Butter in einer Schüssel cremig rühren. Ahornsirup, Zimt und Puderzucker unterrühren, bis eine glatte Creme entstanden ist.

5. Die Creme auf die Unterseiten von 12 Plätzchen verteilen und die restlichen Plätzchen mit den Unterseiten daraufsetzen.

...

Tipp

Sie können die Füllung vorher zubereiten. Setzen Sie die Plätzchen aber erst kurz vor dem Servieren zusammen, sonst weichen sie durch.

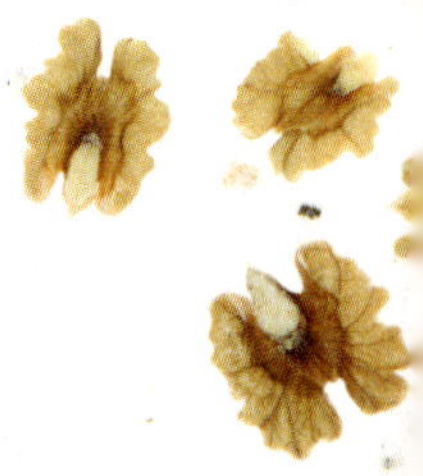

Süßkartoffel-Brownies

Süßkartoffeln machen Brownies herrlich süß und saftig. Wenn Sie diese Brownies erst einmal probiert haben, werden Sie sie immer wieder zubereiten!

ERGIBT 12 STÜCK

Zutaten

150 ML OLIVENÖL, PLUS ETWAS MEHR ZUM EINFETTEN
175 G SÜSSKARTOFFELN, GERASPELT
100 G STEVIA
50 G KAKAOPULVER
½ TL BACKPULVER
½ TL NATRON
50 G GEMAHLENE MANDELN
2 EIER, VERQUIRLT
20 G WALNUSSKERNE, GROB GEHACKT

---

1. Den Backofen auf 180 °C vorheizen. Eine quadratische Backform (20 cm x 20 cm) dünn mit Öl einfetten und so mit Backpapier auskleiden, dass es an den Rändern übersteht.

2. Alle Zutaten in eine große Schüssel geben und zu einem glatten Teig verarbeiten. In die vorbereitete Form füllen und im vorgeheizten Ofen 20 Minuten backen, bis der Teig schön aufgegangen ist. In der Mitte sollte der Teig nicht ganz durchgebacken sein.

3. Die Brownies etwa 15 Minuten abkühlen lassen, dann mithilfe des Backpapiers aus der Form heben. Das Papier vorsichtig abziehen und die Brownies in 12 Stücke schneiden. Lauwarm oder kalt servieren.

...

Tipp

Wenn Ihnen dieses Rezept zu schokoladig ist, reduzieren Sie die Kakaomenge auf 35 g.

Kürbis-Zitronen-Plätzchen mit Fenchel

ERGIBT 8 STÜCK

Zutaten

250 G FESTFLEISCHIGER KÜRBIS, GESCHÄLT, ENTKERNT UND GEWÜRFELT
1 EL FENCHELSAMEN
225 G MEHL, PLUS ETWAS MEHR ZUM BESTÄUBEN
50 G BRAUNER ZUCKER
1½ TL BACKPULVER
½ TL SALZ
¼ TL NATRON
100 G WEICHE BUTTER, GEWÜRFELT
75 ML BUTTERMILCH
FEIN ABGERIEBENE SCHALE VON 1 ZITRONE

Zitronen-Fenchel-Glasur

120 G PUDERZUCKER, GESIEBT
1 EL WASSER
½ EL ZITRONENSAFT

1. Den Backofen auf 190 °C vorheizen. Ein Backblech mit einer Silikonunterlage auslegen.

2. Den Kürbis in den Einsatz eines Dämpfers geben und 10-15 Minuten garen. Im Mixer pürieren, zwischendurch die Masse von den Mixerwänden schaben. Durch ein Sieb in eine Schüssel streichen und beiseitestellen.

3. Die Fenchelsamen in einer Pfanne ohne Fett bei mittlerer bis hoher Temperatur 30 Sekunden rösten, bis sie zu duften beginnen. Sofort auf einen Teller geben, dann in einem Mörser zerstoßen.

4. Mehl, Zucker, Backpulver, Salz, Natron und Butter in die Küchenmaschine geben. Kurz mixen, bis eine bröselige Masse entsteht.

5. Kürbispüree, Buttermilch, Zitronenschale und 2 Teelöffel zerstoßene Fenchelsamen zufügen und mehrmals kurz durchmixen.

6. Den Teig auf einer leicht bemehlten Arbeitsfläche 2 cm dick ausrollen. Mit einer runden Ausstechform (6 cm Ø) 8 Plätzchen ausstechen. Die Plätzchen mit 2 cm Abstand auf das vorbereitete Backblech legen.

7. Im vorgeheizten Ofen 20-25 Minuten backen, bis sie hellgoldbraun und aufgegangen sind. Nach der Hälfte der Backzeit das Blech einmal umdrehen. Die Plätzchen auf ein Kuchengitter setzen und abkühlen lassen.

8. Für die Glasur Puderzucker, Wasser und Zitronensaft mit den restlichen gerösteten Fenchelsamen verrühren. Auf die Plätzchen streichen und fest werden lassen. Frisch verzehren.

...

Sellerie-Zitronen-Riegel mit Kardamom

ERGIBT 12 STÜCK

Zutaten

175 G GROBE HAFERFLOCKEN
75 G ZARTE HAFERFLOCKEN
90 G KNOLLENSELLERIE, FEIN GERASPELT
FEIN ABGERIEBENE SCHALE VON 1 ZITRONE
SAMEN AUS 7 KARDAMOMKAPSELN, ZERSTOSSEN
150 G BUTTER, PLUS ETWAS MEHR ZUM EINFETTEN
50 G DEMERARA-ZUCKER
3 EL ZUCKERRÜBENSIRUP
1 PRISE SALZ

1. Den Backofen auf 190°C vorheizen. Eine flache, rechteckige Backform (24 cm x 18 cm) einfetten. Boden und Ränder mit Backpapier auslegen.

2. Beide Sorten Haferflocken, Sellerie, Zitronenschale und Kardamom in einer großen Schüssel verrühren.

3. Butter, Zucker, Sirup und Salz in einem Topf unter ständigem Rühren erhitzen, bis die Butter zerlassen ist.

4. Die Haferflockenmischung in den Topf geben und alles gut umrühren.

5. Den Teig in die vorbereitete Form füllen und fest andrücken, vor allem in den Ecken und an den Rändern.

6. Im vorgeheizten Ofen 25 Minuten backen, bis der Teig goldbraun und fest ist. Aus dem Backofen nehmen und in der Form 10 Minuten abkühlen lassen. Noch in der Form in 12 Riegel schneiden. Vollständig auskühlen lassen, erst dann aus der Form nehmen und die Riegel auseinanderbrechen.

...

Tipp

Es ist wichtig, die Riegel in der Form ganz abkühlen zu lassen. Nimmt man sie zu früh heraus, zerbröseln sie und werden zu Knuspermüsli. Den Teig vor dem Backen sehr fest in die Form drücken.

Karotten-Pekannuss-Schnitten

Wertvolle B-Vitamine und Mineralien aus Weizenkeimen, Vitamin A aus Karotten dazu noch Vollkornmehl - das ergibt eine kerngesunde Süßspeise.

ERGIBT 15 STÜCK

Zutaten

3 EIER
150 ML NATIVES OLIVENÖL EXTRA
120 G HELLER MUSKOVADO-ZUCKER
5 EL FESTER HONIG
175 G WEIZENVOLLKORNMEHL
4 EL WEIZENKEIME
2 TL BACKPULVER
2 TL INGWERPULVER
ABGERIEBENE SCHALE VON ORANGE, PLUS ETWAS MEHR ZUM DEKORIEREN
1¼ TL LEBKUCHENGEWÜRZ
175 G KAROTTEN, GROB GERIEBEN
60 G PEKANNUSSKERNE, IN STÜCKE ZERKLEINERT, PLUS ETWAS MEHR ZUM DEKORIEREN

Creme

120 G GRIECHISCHER JOGHURT
150 G FRISCHKÄSE ODER MASCARPONE

1. Den Backofen auf 180 °C vorheizen. Eine kleine beschichtete Auflaufform (18 cm x 28 cm) mit Backpapier auslegen. Die Ecken diagonal einschneiden, sodass das Papier sich an die Form anpasst.

2. Eier, Öl, Zucker und 4 Esslöffel Honig in eine große Schüssel geben und glatt rühren. Mehl, Weizenkeime und Backpulver in eine kleine Schüssel geben, Ingwer, Orangenschale und 1 Teelöffel Lebkuchengewürz zugeben und alles vermengen. Die Mehlmischung zur Eimasse geben und alles glatt rühren. Karotten und Pekannüsse zugeben und einarbeiten.

3. Die Teigmischung in die Form geben und gleichmäßig verstreichen. Im vorgeheizten Ofen 30-35 Minuten backen, bis der Teig gut aufgegangen ist und an einem in der Mitte eingestochenen Holzspieß keine Teigreste mehr haften.

4. Den Kuchen aus der Form lösen, das Backpapier entfernen und den Kuchen auf ein Gitter geben. Abkühlen lassen.

5. Für die Creme Joghurt und Frischkäse, restlichen Honig und restliches Lebkuchengewürz in einer Schüssel verrühren. Die Creme auf dem Kuchen verteilen und mit Pekannüssen und Orangenschale dekorieren. In 15 Stücke schneiden und servieren.

...

Tipp

Ersetzen Sie die Karotten durch 175 g grob geraspelte Rote Bete.

Rhabarber-Zitronen-Kuchen mit Sirup

Manchmal braucht man einfach ein Stück Kuchen - hier eine gesunde Variante aus Vollkornreismehl und Mandeln.

ERGIBT 9 STÜCK

Zutaten

300 G RHABARBERSTANGEN, ABGEZOGEN UND IN 2 CM LANGE STÜCKE GESCHNITTEN
100 G GEMAHLENE MANDELN
120 G VOLLKORNREISMEHL
1½ TL BACKPULVER
1 VOLLREIFE BANANE, ZERDRÜCKT
150 ML REISKEIMÖL
120 G HELLER MUSKOVADO-ZUCKER
ABGERIEBENE SCHALE VON 1 ZITRONE
3 EIER
25 G MANDELKERNE, GROB GEHACKT

Sirup

SAFT VON 2 ZITRONEN
60 G MUSKOVADO-ZUCKER

1. Den Backofen auf 180 °C vorheizen. Eine rechteckige Backform (20 cm × 30 cm) mit Backpapier auslegen.

2. Den Rhabarber in eine Auflaufform legen und 10 Minuten im vorgeheizten Ofen backen, bis er fast weich ist. Aus dem Ofen nehmen, aber diesen nicht ausschalten.

3. Gemahlene Mandeln, Mehl und Backpulver in einer Schüssel vermengen.

4. Banane, Öl, Zucker und Zitronenschale in einer zweiten Schüssel glatt rühren. Nacheinander die Eier einrühren, dann die Mehlmischung einarbeiten.

5. Den Teig in die vorbereitete Backform füllen und die Rhabarberstücke darüberstreuen. 25-30 Minuten backen, bis der Kuchen gut aufgegangen ist und bei Fingerdruck elastisch nachgibt.

6. Für den Sirup Zitronensaft und Zucker vermischen. Den Kuchen mit der Hälfte des Sirups beträufeln und 1-2 Minuten ziehen lassen. Den restlichen Sirup darübergießen, mit den gehackten Mandeln bestreuen und in der Form abkühlen lassen.

7. Den Kuchen aus der Form nehmen, das Papier abziehen und den Kuchen in 9 Stücke schneiden. Innerhalb von 2 Tagen verzehren oder einfrieren.

...

Tipp

Frieren Sie den ganzen Kuchen in der Form 1-2 Stunden ein. Dann aus der Form heben, den Kuchen in einen Gefrierbeutel verpacken und endgültig einfrieren. Aufschneiden, bevor er ganz aufgetaut ist.

Käsekuchen mit Aprikosen & Blumenkohl

Zu Magerquark, cremigem Joghurt und herb-süßen Trockenaprikosen gesellt sich als ungewöhnliche Zutat Blumenkohl. Der knusprige Boden und die farbenfrohen Fruchtschnörkel harmonieren perfekt mit dem cremigen Belag.

Tipp

Das Aprikosenpüree muss dickflüssig sein. Falls nötig, können Sie es mit etwas Wasser verdünnen.

ERGIBT 16 STÜCK

Zutaten

1 EL ÖL, ZUM EINFETTEN
250 G TROCKENAPRIKOSEN
SAFT VON 1 GROSSEN ORANGE
500 G MAGERQUARK
400 G NATURJOGHURT
200 G ROHROHRZUCKER
15 TROPFEN VANILLEAROMA
4 EIER, LEICHT VERQUIRLT
60 G MEHL
150 G KLEINE BLUMENKOHLRÖSCHEN (OHNE STRUNK), SEHR FEIN GEHACKT

Boden

300 G WEIZENVOLLKORNMEHL
50 G GROBE HAFERFLOCKEN
FEIN ABGERIEBENE SCHALE VON 1 GROSSEN ORANGE
4 EL FLÜSSIGER HONIG
150 G BUTTER

1. Eine flache, rechteckige Backform (30 cm x 24 cm) mit dem Öl einfetten und mit Backpapier auslegen. Den Backofen auf 180° vorheizen.

2. Für den Boden Mehl und Haferflocken mischen. Orangenschale, Honig und Butter in einem Topf bei mittlerer Temperatur schmelzen, dann zu den trockenen Zutaten geben und verrühren.

3. Die Teigmischung in die vorbereitete Form geben und fest andrücken, vor allem an den Ecken und Rändern. Im vorgeheizten Ofen 15 Minuten knusprig backen.

4. Inzwischen die Aprikosen mit dem Orangensaft in einen kleinen Topf geben. Wasser zugießen, bis die Flüssigkeit 2 cm über den Früchten steht. Zum Kochen bringen, dann bei mittlerer Temperatur 7 Minuten weich kochen. In einem Mixer fein pürieren, dann durch ein Sieb in eine Schüssel streichen und beiseitestellen.

5. Den Boden aus dem Backofen nehmen und beiseitestellen. Die Ofentemperatur auf 160 °C reduzieren.

6. Quark, Joghurt, Zucker und Vanillearoma in einer Schüssel mit dem Handmixer cremig rühren. Eier und Mehl einarbeiten, dann den gehackten Blumenkohl unterheben.

7. Die Hälfte des Aprikosenpürees unter die Quarkmasse rühren. Die Masse auf dem Boden verteilen. Das restliche Aprikosenpüree in Schnörkeln auf der Quarkmasse verteilen.

8. 60-75 Minuten backen, bis an einem in der Mitte eingestochenen Holzspieß keine Teigreste mehr haften. In der Form vollständig auskühlen lassen, dann 2-8 Stunden in den Kühlschrank stellen. Erst dann aus der Form nehmen und in 16 schmale Stücke schneiden.

...

Kartoffel-Hafer-Plätzchen mit Pfeffer

Stampfkartoffeln und eine große Prise Pfeffer sorgen bei diesen Haferplätzchen für die Überraschung. Sie sind angenehm weich, aber an den Rändern knusprig, und schmecken pur ebenso gut wie mit Butter.

ERGIBT 9 STÜCK

Zutaten

250 G MEHLIGKOCHENDE KARTOFFELN, GEWÜRFELT
25 G BUTTER, PLUS ETWAS MEHR ZUM EINFETTEN
¼ TL SALZ
½ TL PFEFFER
50 G HAFERKÖRNER, GESCHROTET
25 G ZARTE HAFERFLOCKEN
10 G MEHL, ZUM BESTÄUBEN

1. Den Backofen auf 200 °C vorheizen. Ein Backblech mit einer Silikonunterlage oder mit gefettetem Backpapier auslegen.

2. In einem Topf Wasser zum Kochen bringen. Die Kartoffeln darin 10 Minuten garen.

3. Die Kartoffeln abgießen und wieder in den Topf geben. Mit einem sauberen Küchentuch abdecken. 5 Minuten stehen lassen, damit die überschüssige Flüssigkeit verdampft. Gründlich zerstampfen, dann Butter, Salz, Pfeffer, geschroteten Hafer und Haferflocken einrühren.

4. Den Teig zusammendrücken und auf eine bemehlte Arbeitsfläche legen. Einen Teigroller mit Mehl bestäuben und den Teig 5 mm dünn ausrollen.

5. Mit einer runden Ausstechform (7 cm Ø) Plätzchen ausstechen und mit einem Spatel vorsichtig auf das vorbereitete Blech legen. Die Teigreste kurz verkneten, wieder ausrollen und weitere Plätzchen ausstechen.

6. Im vorgeheizten Ofen 20 Minuten backen, bis die Ränder goldbraun sind. Nach der Hälfte der Backzeit das Blech einmal drehen. Auf dem Blech abkühlen lassen, bis die Plätzchen fest sind, dann auf einem Kuchengitter vollständig auskühlen lassen.

...

Tipp

Verwenden Sie keine industriell gefertigte Pfefferkörner, sondern möglichst qualitativ hochwertige Ware. Greifen Sie nicht zu fertig gemahlenem Pfeffer, denn er schmeckt einfach nicht so aromatisch wie frisch gemahlener.

Frittata-Schnitten mit Romanesco

Die Gemüse-Frittata mit grünem Romanesco-Blumenkohl, Tomaten und Frühlingszwiebeln schmeckt zu jeder Tageszeit. Sie können Sie mit einem Salat als leichtes Mittagessen oder zum Sonntagsbrunch servieren - oder kalt ins Büro mitnehmen.

FÜR 8 PERSONEN

Zutaten

1 ROMANESCO-BLUMENKOHL (ETWA 600 G), OHNE BLÄTTER
125 ML OLIVENÖL
1 TL SALZ
¾ TL PFEFFER
1 ZWIEBEL, GEHACKT
1 TL FRISCHE THYMIANBLÄTTER
8 EIER
5 EL FRISCH GEHACKTE GLATTE PETERSILIE
120 G MEHL
1½ TL BACKPULVER
125 G ALTER GOUDA, GROB GERASPELT
1 GROSSE FRÜHLINGSZWIEBEL MIT ETWAS GRÜN, SCHRÄG IN DÜNNE RINGE GESCHNITTEN
3 KLEINE VOLLREIFE TOMATEN, IN SCHEIBEN GESCHNITTEN
4 EL GROB GERIEBENER PARMESAN

1. Den Backofen auf 220 °C vorheizen. Eine flache, rechteckige Backform (26 cm x 22 cm) mit Backpapier auslegen.

2. Den Romanesco längs in Viertel schneiden und den harten Strunk aus der Mitte herausschneiden. In kleine Röschen zerteilen und in einer Schicht in einen Bräter legen. Mit 3 Esslöffeln Öl beträufeln und mit ¾ Teelöffel Salz und ½ Teelöffel Pfeffer bestreuen.

3. Sorgfältig mit Alufolie abdecken und im vorgeheizten Ofen 15 Minuten garen. Die Folie abnehmen, umrühren und weitere 10 Minuten garen, bis die Ränder leicht gebräunt sind. Aus dem Backofen nehmen und abkühlen lassen. Die Backofentemperatur auf 180 °C reduzieren.

4. Inzwischen 2 Esslöffel des restlichen Öls in einer Pfanne erhitzen. Zwiebel und Thymian darin bei mittlerer Temperatur etwa 10 Minuten braten, dann vom Herd nehmen und abkühlen lassen.

5. In einer großen Schüssel die Eier mit restlichem Öl, Zwiebelmischung und Petersilie verrühren. Mehl, Backpulver und die Restmengen von Salz und Pfeffer zugeben. Käse und Romanesco unterrühren.

6. Die Mischung in die vorbereitete Form füllen. Frühlingszwiebel und Tomatenscheiben darauf verteilen, dann mit dem Parmesan bestreuen. 30 Minuten backen, bis an einem in der Mitte eingestochenen Messer keine Teigreste mehr haften.

7. Aus dem Backofen nehmen und in der Form 15 Minuten abkühlen lassen. Aus der Form nehmen und warm oder auf Zimmertemperatur abgekühlt servieren.

...

Gemüse aus eigenem Anbau

Das Beste am eigenen Gemüsegarten ist, dass man die Früchte seiner Arbeit später wirklich genießen kann. Es macht einfach zufrieden, das eigene Gemüse zu ernten und in den Genuss seines einzigartigen Geschmacks zu kommen. Immer mehr Menschen pflanzen selbst Gemüse an. Sie wollen genau wissen, woher ihre Nahrung kommt, und sie wollen sicher sein, dass sie natürlich kultiviert wurde und keine Pestizide zum Einsatz kamen. Wer selbst Gemüse zieht, sorgt aktiv für eine gesunde und nährstoffreiche Ernährung.

Das sollten Gemüsegärtner wissen

Was anpflanzen?

Pflanzen Sie Gemüsearten, die Sie wirklich gern essen. Es hat ja keinen Sinn, reihenweise saftige Rote Bete zu säen, wenn die Familie sie nicht mag. Eine gute Wahl sind auch Gemüsesorten, die teuer oder schwer zu bekommen sind, etwa junge dicke Bohnen, ausgefallene Kürbisse oder alte Sorten.

Wie viel anpflanzen?

Vielleicht genügen schon einige Kübel in einer kleinen Gartenecke. Wenn Sie aber auf Selbstversorgung setzen wollen, müssen Sie mehr Platz einplanen und sich Zeit für die Pflege nehmen. Pflanzen Sie nicht zu viel, sonst kämpfen Sie am Ende mit einer Ernteschwemme, die Sie nicht bewältigen können.

Vorbereitungen

Ein Gemüsebeet muss gut vorbereitet werden. Entfernen Sie alles Unkraut. Dann wird Laubkompost, Rindenmulch und Gartenkompost untergegraben oder auf der Oberfläche verteilt. Dadurch wird die Bodenstruktur verbessert: Schwerer Boden wird leichter, und trockener Boden hält Nährstoffe und Feuchtigkeit besser.

Biologisch gärtnern

Schädlinge sind lästig. Sicherlich werden verschiedene kleine Tiere Ihnen den Ernteerfolg streitig machen. Heute bevorzugen viele Gärtner aber biologische Methoden, anstatt Chemikalien und Kunstdünger einzusetzen. Statt Herbizide zu verwenden, können Sie Rindenmulch verteilen, um Unkraut in Schach zu halten, oder ein Unkrautvlies auf dem Boden ausbreiten. Auch Schädlinge lassen sich mit biologischen Methoden bekämpfen.

KAPITEL 3:
Herzhaftes &
süßes
Kleingebäck

Mangold-Tarte mit Orange, Pinienkernen & Rosinen

Die großen Blätter von Mangold schmecken interessant und stecken voller Vitamine und Mineralien. Hier werden sie weich gekocht und mit Ricotta, knackigen Pinienkernen und Rosinen gemischt als Belag auf einen Mürbeteig gelegt. Die saftige Tarte kommt fast ohne Zucker aus und schmeckt dennoch süßlich.

Tipp

Legen Sie den Ricotta auf ein großes Stück feuchtes Käseleinen. Die Ecken hochnehmen und mit Schnur zusammenbinden. An einen Kochlöffelstiel knoten und über eine große Schüssel hängen. An einem kühlen Platz mindestens 2 Stunden, besser über Nacht, abtropfen lassen.

FÜR 6-8 PERSONEN

Zutaten

4 EL ROSINEN
1 EL ÖL, ZUM EINFETTEN
1,5 KG MANGOLD, STIELE UND MITTELRIPPEN ENTFERNT
400 G UNGESÜSSTER MÜRBETEIG (FERTIGPRODUKT AUS DEM KÜHLREGAL)
10 G MEHL, ZUM BESTÄUBEN
2 EIER (GRÖSSE L)
3 EL ROHROHRZUCKER
¼ TL FRISCH GERIEBENE MUSKATNUSS
2 PRISEN SALZ
250 G RICOTTA, ABGETROPFT
35 G KANDIERTE ORANGENSCHALE AM STÜCK, EINE HÄLFTE FEIN GEHACKT, DIE ANDERE HÄLFTE IN DÜNNE STREIFEN GESCHNITTEN
5 EL PINIENKERNE, GERÖSTET

---

1. Die Rosinen mit kochendem Wasser bedecken und 30 Minuten einweichen, dann abgießen. Den Backofen auf 160 °C vorheizen. Eine runde Tarteform mit Hebeboden (24 cm Ø) einölen.

2. Die Mangoldblätter waschen und nur mit dem anhaftenden Wasser in einen Topf geben. Abgedeckt bei mittlerer Temperatur unter häufigem Rühren 10 Minuten köcheln lassen, bis sie zusammengefallen sind. Abgießen und sehr gründlich ausdrücken. Fein hacken und beiseitestellen.

3. Den Teig auf einer bemehlten Arbeitsfläche ausrollen und die vorbereitete Form damit auslegen. Mit einem Teigroller über den Rand fahren, um überstehenden Teig abzutrennen. Die Teigreste aufbewahren. Den Teig an Boden und Rand der Form drücken. Mit Alufolie auslegen und Backbohnen darauf verteilen.

4. Im vorgeheizten Ofen 10 Minuten blind backen. Folie und Bohnen entfernen und weitere 5 Minuten backen. Aus dem Backofen nehmen. Die Ofentemperatur auf 180 °C erhöhen. Ein Backblech in den Backofen schieben, um es zu erhitzen.

5. In einer großen Schüssel Eier, Zucker, Muskatnuss und Salz verrühren. Ricotta, gehackte Orangenschale, Pinienkerne, Rosinen und Mangold unterrühren. Die Mischung auf den Teigboden geben und glattstreichen. Aus den Teigresten Sterne, Halbmonde oder Rauten ausstechen und auf die Füllung legen. Locker mit Alufolie bedecken und 20 Minuten backen. Die Folie abnehmen und weitere 10-15 Minuten backen.

6. Die Tarte 15 Minuten in der Form abkühlen lassen, dann herausnehmen und auf eine Servierplatte legen. Mit dem Puderzucker bestäuben und mit den Orangenschalenstreifen dekorieren. Warm oder auf Zimmertemperatur abgekühlt servieren.

...

Würzige Kürbis-Törtchen

Die kleinen Törtchen schmecken so würzig wie traditionelle Kürbis-Pies. Ein Genuss zum Kaffee oder als feines Dessert, am besten mit reichlich Schlagsahne oder Vanilleeiscreme.

ERGIBT 4 STÜCK

Zutaten

400 G KÜRBISFRUCHTFLEISCH, IN 1 CM GROSSE WÜRFEL GESCHNITTEN
10 G BUTTER, ZUM EINFETTEN
1 EL AHORNSIRUP
10 G IN SIRUP EINGELEGTER INGWER, FEIN GEHACKT
¼ TL ZIMT
¼ TL PIMENT
150 G FILOTEIG
2 EL RAPSÖL, ZUM EINPINSELN
10 G PUDERZUCKER, ZUM BESTREUEN

Tipp

Puderzucker immer erst unmittelbar vor dem Servieren auf die Törtchen streuen. Sonst wird er vom Belag aufgesaugt, und die Törtchen sehen nicht so schön aus.

1. Den Backofen auf 190 °C vorheizen. Vier Tartelette-Förmchen (10 cm Ø) dünn einölen.

2. Die Kürbiswürfel auf ein Backblech legen und die Butter in Flöckchen darauf verteilen. Im vorgeheizten Ofen 5 Minuten garen, dann wenden und weitere 20 Minuten garen, bis die Würfel gebräunt sind.

3. Ahornsirup, Ingwer, Zimt und Piment unterrühren und weitere 5 Minuten garen. Abkühlen lassen.

4. Aus dem Teig 12 Quadrate (10 cm x 10 cm) schneiden. 4 Quadrate mit Öl einpinseln. Auf jedes ein weiteres Quadrat leicht versetzt legen, sodass die Ecken nicht übereinanderliegen. Wieder mit Öl einpinseln. Das nächste Quadrat ebenfalls versetzt auflegen. Auf diese Weise 4 Stapel mit je 3 Lagen herstellen.

5. Die Teigstapel in die vorbereiteten Formen legen, leicht andrücken und im vorgeheizten Ofen 8-10 Minuten knusprig und goldbraun backen. Herausnehmen und abkühlen lassen.

6. Die Kürbismischung in die Teigböden füllen, mit dem Puderzucker bestreuen und sofort servieren.

...

Karotten-Fruchtschnecken mit Kardamom

Karotten spielen die Hauptrolle in diesen leckeren Schnecken. Mit der Füllung aus kandierten Früchten und der Würze von Kardamom schmecken sie einfach köstlich. Genießen Sie diese Schnecken frisch aus dem Backofen – in ein sauberes Küchentuch gehüllt, kann man das Gebäck in einem luftdicht schließenden Gefäß auch bis zu zwei Tage aufbewahren.

Variation

Feiner sehen die Schnecken aus, wenn sie statt Puderzucker kleine Zuckerperlen verwenden. Sie können auf die warmen Schnecken gestreut werden.

ERGIBT 16 STÜCK

Zutaten

150 G KAROTTEN
375 G WEIZENMEHL (TYPE 1050), GESIEBT, PLUS ETWAS MEHR ZUM BESTÄUBEN
2 EL TROCKENBACKHEFE
3 EL ROHROHRZUCKER
2 TL GEMAHLENE KARDAMOMSAMEN (AUS ETWA 24 KAPSELN)
½ TL SALZ
125 G BUTTER
1 EI, LEICHT VERQUIRLT
5 EL LAUWARME MILCH
1 EL ÖL, ZUM EINFETTEN
150 G KANDIERTE FRÜCHTE, GEHACKT
1 EIGELB
1 EL KALTE MILCH
10 G PUDERZUCKER, ZUM BESTREUEN

---

1. Die Karotten putzen, in den Einsatz eines Dämpfers geben und 15 Minuten garen. In einem Mixer pürieren und beiseitestellen.

2. Ein Backblech mit einer Silikonunterlage auslegen. Mehl, Hefe, Zucker, Kardamom und Salz in einer großen Schüssel mischen. 3 Esslöffel Butter beiseitestellen. Die restliche Butter zerlassen und leicht abkühlen lassen. Das verquirlte Ei mit der lauwarmen Milch und der zerlassenen Butter verrühren. Zur Mehlmischung geben, dann das Karottenpüree zufügen. Alles zu einem weichen Teig verarbeiten.

3. Den Teig auf einer bemehlten Arbeitsfläche 10-15 Minuten kneten. In eine dünn eingeölte Schüssel legen, mit Frischhaltefolie bedecken und an einem warmen Platz 1½-2 Stunden gehen lassen, bis sich das Teigvolumen verdoppelt hat. Auf einer bemehlten Arbeitsfläche kurz durchkneten, um die Luft auszutreiben. Sehr dünn zu einem Rechteck (44 cm x 30 cm) ausrollen.

4. Die restliche Butter zerlassen und die Oberfläche des Teigs damit einpinseln. Die kandierten Früchte bis zum Rand auf der Teigfläche gleichmäßig verstreuen.

5. Den Teig von der langen Seite her aufrollen und in 2,5 cm dicke Scheiben schneiden. Mit den Schnittflächen nebeneinander auf das vorbereitete Backblech legen. Mit Frischhaltefolie bedecken und nochmals 30 Minuten gehen lassen. Inzwischen den Backofen auf 200 °C vorheizen.

6. Das Eigelb mit der kalten Milch verrühren und die Schnecken damit bestreichen. Im vorgeheizten Ofen 10-15 Minuten goldbraun backen.

7. Auf einem Kuchengitter abkühlen lassen, dann mit Puderzucker bestreuen. Am besten schmecken die Schnecken ofenfrisch.

...

Gelbe-Bete-Madeleines mit würziger Glasur

ERGIBT 22-24 STÜCK

Zutaten

175 G GELBE BETE, GESCHÄLT UND IN 2 CM GROSSE WÜRFEL GESCHNITTEN
100 G MEHL, PLUS ETWAS MEHR ZUM BESTÄUBEN
1 TL BACKPULVER
1 PRISE SALZ
2 EIER (GRÖSSE L)
70 G ROHROHRZUCKER
2 EL FLÜSSIGER HONIG
80 G BUTTER, ZERLASSEN UND LEICHT ABGEKÜHLT
1 TL ABGERIEBENE ORANGENSCHALE
1 EL ÖL, ZUM EINFETTEN

Glasur

150 G PUDERZUCKER
2½ EL FRISCH GEPRESSTER ORANGENSAFT
60 G FRISCHE INGWERWURZEL

1. Die Gelben Beten in den Einsatz eines Dämpfers geben und 15 Minuten garen. Im Mixer pürieren, dabei zwischendurch die Masse von den Wänden nach unten schaben. Durch ein Sieb in eine Schüssel streichen und beiseitestellen.

2. Mehl, Backpulver und Salz in eine Schüssel sieben. Eier und Zucker in einer anderen Schüssel 5 Minuten cremig rühren. Den Honig zufügen und 1 weitere Minute rühren.

3. Die Mehlmischung unter die Eiermasse rühren, dann Butter, Orangenschale und Bete-Püree zufügen. In eine kleinere Schüssel umfüllen, Frischhaltefolie direkt auf die Teigoberfläche legen und 4-8 Stunden in den Kühlschrank stellen.

4. Den Backofen auf 200 °C vorheizen. Die Vertiefungen von zwei 12er-Madeleineformen mit dem Öl einpinseln, mit Mehl bestäuben und überschüssiges Mehl ausklopfen. In jede Vertiefung 1 Esslöffel Teig füllen.

5. Im vorgeheizten Ofen auf der mittleren Schiene 10 Minuten goldbraun backen, oder bis an einem in der Mitte eingestochenen Messer keine Teigreste mehr haften. Auf ein Kuchengitter stürzen und etwas abkühlen lassen.

6. Für die Glasur Puderzucker und Orangensaft in einer flachen Schüssel verrühren. Den Ingwer schälen und fein hacken. In eine saubere feine Knoblauchpresse geben und den Saft in die Puderzuckermischung pressen.

7. Die lauwarmen Madeleines einzeln in der Glasur wenden. Über der Schüssel abtropfen lassen. Auf ein Kuchengitter setzen und die Glasur einziehen lassen.

...

Gesalzene Schokoladen-Eclairs mit Ricotta-Cremefüllung

ERGIBT 10-12 STÜCK

Zutaten

Füllung

50 G KAROTTE, FEIN GERASPELT
175 G RICOTTA
2 EL SCHLAGSAHNE
4 TL ROHROHRZUCKER
SAMEN AUS 2 KARDAMOMKAPSELN, ZERSTOSSEN
1 PRISE SALZ

Brandteig

150 G WEIZENMEHL (TYPE 1050)
175 ML WASSER
120 G BUTTER, GEWÜRFELT
1 PRISE SALZ
3 EIER (GRÖSSE L), LEICHT VERQUIRLT
1 EIWEISS (NACH BEDARF)

Glasur

90 G SCHOKOLADE (85% KAKAOANTEIL), IN KLEINE STÜCKE GEBROCHEN
MEERSALZFLOCKEN ZUM BESTREUEN (NACH BELIEBEN)

1. Den Backofen auf 200 °C vorheizen. Ein Backblech mit einer Silikonunterlage auslegen. Eine große Lochtülle (2 cm) in einen großen Spritzbeutel einsetzen.

2. Alle Zutaten für die Füllung in einer Schüssel verrühren. 30 Minuten stehen lassen, damit sich die Aromen gut entfalten können.

3. Inzwischen für den Teig das Mehl 2-mal sieben und auf einen Teller geben. Wasser, Butter und Salz in einem Topf zum Kochen bringen. Vom Herd nehmen, das Mehl hineinschütten und verrühren, bis sich der Teig vom Topfrand löst. Abkühlen lassen. Die Eier esslöffelweise unter den lauwarmen Teig rühren. Wenn der Teig zu fest ist, etwas Eiweiß unterrühren.

4. Den Teig in den vorbereiteten Spritzbeutel füllen und einen 12 cm langen Strang auf das vorbereitete Backblech spritzen. Sofort einen zweiten Strang auf den ersten spritzen. Weitere doppelte Stränge spritzen, bis der Teig verbraucht ist. Dazwischen jeweils 5 cm Abstand lassen.

5. Im vorgeheizten Ofen 15 Minuten backen, bis der Teig aufgegangen und goldbraun ist. Die Backofentür keinesfalls öffnen. Die Temperatur auf 180 °C reduzieren und weitere 10 Minuten backen, bis Seiten und Oberflächen knusprig sind.

6. Aus dem Backofen nehmen und die Eclairs sofort an der Seite einstechen, damit der Dampf entweichen kann. Vollständig auskühlen lassen.

7. Die abgekühlten Eclairs aufschneiden. Die Creme auf die Unterteile füllen, die Oberteile wieder auflegen. Die Eclairs auf ein Kuchengitter setzen.

8. Für die Glasur die Schokolade in eine hitzebeständige Schüssel geben, auf einen Topf mit schwach köchelndem Wasser setzen und schmelzen. Mit einem Löffel auf die Eclairs streichen und nach Geschmack leicht mit Meersalzflocken bestreuen.

...

Kürbis-Donuts

Kürbis ist eine großartige Zutat für viele Backwaren, vor allem für Kuchen und Pasteten. Er macht den Teig wunderbar saftig, und einige Kürbisarten geben dem Teig eine schöne gelborange Farbe.

ERGIBT 6 STÜCK

Zutaten

120 G MEHL
1½ TL BACKPULVER
½ TL SALZ
1 TL ZIMT
½ TL FRISCH GERIEBENE MUSKATNUSS
50 G WEICHE BUTTER, PLUS ETWAS MEHR ZUM EINFETTEN
50 G ROHRZUCKER
1 EI (GRÖSSE L), VERQUIRLT
5 TROPFEN VANILLEAROMA
1 EL MILCH
120 G KÜRBISPÜREE AUS DER DOSE

Glasur

120 G PUDERZUCKER
½ TL ZIMT
2 EL MILCH
1-2 TL AHORNSIRUP

1. Den Backofen auf 190 °C vorheizen. Eine 6er-Donutform einfetten.

2. Mehl und Backpulver in eine Rührschüssel sieben und Salz, Zimt und Muskatnuss untermengen. Butter und Zucker in einer zweiten Schüssel cremig rühren. Nach und nach Ei, Vanillearoma und Milch einarbeiten. Dann Mehlmischung und Kürbispüree unterziehen.

3. Den Teig in einen großen Spritzbeutel mit Lochtülle füllen und in die vorbereitete Form spritzen. Im vorgeheizten Ofen 15 Minuten backen, bis die Donuts goldbraun, aufgegangen und fest sind. Etwa 5 Minuten in der Form abkühlen lassen, dann auf ein Kuchengitter heben und abkühlen lassen.

4. Für die Glasur Puderzucker und Zimt in eine Schale sieben und mit Milch und Ahornsirup zu einer glatten Masse verrühren. Die Oberseite der Donuts hineintauchen und die Glasur fest werden lassen.

...

Variation

Wenn Sie es würziger mögen, ersetzen Sie die Muskatnuss durch die gleiche Menge Ingwerpulver oder ½ Teelöffel geriebene frische Ingwerwurzel.

Süßkartoffel-Pekannuss-Taschen

Knuspriger Filoteig umhüllt eine cremige Füllung aus Süßkartoffeln mit knackigen Pekannüssen. Gesüßt werden die Teigtaschen mit Kokosblütenzucker. Er hat einen intensiven Geschmack, sodass nur wenig benötigt wird. Die Teigtaschen können auch mit Schlagsahne als Dessert serviert werden.

Tipp

Sind die Teigblätter kürzer als 44 cm, setzen Sie 2 Stücke zusammen. An der Nahtstelle müssen sie überlappen. Größere Teigblätter passend zuschneiden und Reste anderweitig verwenden.

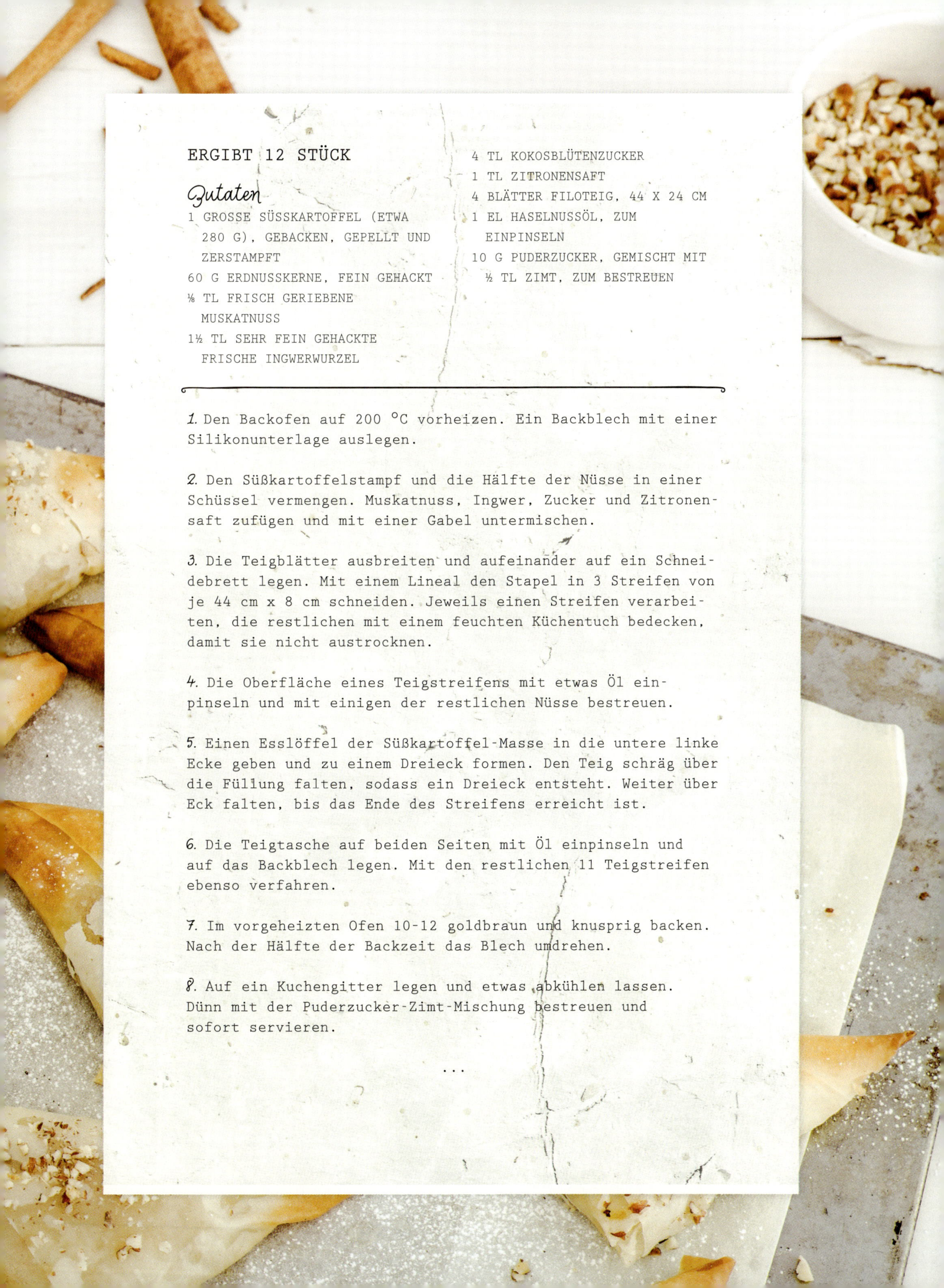

ERGIBT 12 STÜCK

Zutaten

1 GROSSE SÜSSKARTOFFEL (ETWA 280 G), GEBACKEN, GEPELLT UND ZERSTAMPFT
60 G ERDNUSSKERNE, FEIN GEHACKT
⅛ TL FRISCH GERIEBENE MUSKATNUSS
1½ TL SEHR FEIN GEHACKTE FRISCHE INGWERWURZEL
4 TL KOKOSBLÜTENZUCKER
1 TL ZITRONENSAFT
4 BLÄTTER FILOTEIG, 44 X 24 CM
1 EL HASELNUSSÖL, ZUM EINPINSELN
10 G PUDERZUCKER, GEMISCHT MIT ½ TL ZIMT, ZUM BESTREUEN

---

1. Den Backofen auf 200 °C vorheizen. Ein Backblech mit einer Silikonunterlage auslegen.

2. Den Süßkartoffelstampf und die Hälfte der Nüsse in einer Schüssel vermengen. Muskatnuss, Ingwer, Zucker und Zitronensaft zufügen und mit einer Gabel untermischen.

3. Die Teigblätter ausbreiten und aufeinander auf ein Schneidebrett legen. Mit einem Lineal den Stapel in 3 Streifen von je 44 cm x 8 cm schneiden. Jeweils einen Streifen verarbeiten, die restlichen mit einem feuchten Küchentuch bedecken, damit sie nicht austrocknen.

4. Die Oberfläche eines Teigstreifens mit etwas Öl einpinseln und mit einigen der restlichen Nüsse bestreuen.

5. Einen Esslöffel der Süßkartoffel-Masse in die untere linke Ecke geben und zu einem Dreieck formen. Den Teig schräg über die Füllung falten, sodass ein Dreieck entsteht. Weiter über Eck falten, bis das Ende des Streifens erreicht ist.

6. Die Teigtasche auf beiden Seiten mit Öl einpinseln und auf das Backblech legen. Mit den restlichen 11 Teigstreifen ebenso verfahren.

7. Im vorgeheizten Ofen 10-12 goldbraun und knusprig backen. Nach der Hälfte der Backzeit das Blech umdrehen.

8. Auf ein Kuchengitter legen und etwas abkühlen lassen. Dünn mit der Puderzucker-Zimt-Mischung bestreuen und sofort servieren.

...

Frühlingszwiebel-Ricotta-Tartelettes

Ricotta und Pecorino geben der leichten Füllung dieser knusprigen Tartelettes ihr feines Aroma. Servieren Sie sie als köstliche Vorspeise oder mit einem frischen grünen Salat als leichtes Mittagessen.

ERGIBT 12 STÜCK

Zutaten

Teig

200 G MEHL, PLUS ETWAS MEHR ZUM BESTÄUBEN
1 PRISE SALZ
125 G BUTTER, GEWÜRFELT, PLUS ETWAS MEHR ZUM EINFETTEN
1 EIGELB
1-2 EL WASSER

Füllung

250 G RICOTTA
100 G PECORINO, GERIEBEN
1 EI, VERQUIRLT
12 FRÜHLINGSZWIEBELN, FEIN GEHACKT
2 EL GEPALTE FRISCHE ERBSEN, KURZ GEGART UND ABGEKÜHLT
1 TL GRÜNE PFEFFERKÖRNER IN LAKE, ABGETROPFT
SALZ UND PFEFFER

1. Für den Teig Mehl und Salz in eine Schüssel sieben. Die Butter zugeben und alles mit den Fingern zu einer bröseligen Mischung verarbeiten. Alternativ die Zutaten in der Küchenmaschine vermengen. Das Eigelb unterrühren. So viel Wasser zugeben, bis ein glatter Teig entsteht. Abgedeckt 30 Minuten in den Kühlschrank stellen.

2. Den Backofen auf 190 °C vorheizen. Die Vertiefungen einer 12er-Muffinform mit einem Backpinsel dünn einfetten.

3. Den Teig auf einer bemehlten Arbeitsfläche 1 cm dick ausrollen. Mit einer runden Ausstechform Kreise ausstechen, die groß genug sind, um die Vertiefungen der Muffinform auszulegen. Den Teig vorsichtig in die Vertiefungen drücken. Auf jeden Teigboden ein Stück Backpapier legen und Backbohnen daraufgeben.

4. Die Teigböden im vorgeheizten Ofen 4-5 Minuten goldbraun und knusprig backen. Papier und Backbohnen entfernen.

5. Inzwischen für die Füllung Ricotta und Pecorino in einer großen Schüssel verrühren. Ei, Frühlingszwiebeln und Erbsen zufügen. Die Pfefferkörner sehr fein hacken und untermischen. Mit Salz und Pfeffer abschmecken.

6. Die Füllung auf die Teigböden verteilen und 10 Minuten goldbraun backen. Warm servieren.

...

Grünkohl-Scones mit Blauschimmelkäse & Schalotten

Grünkohl gibt den Scones einen herzhaften Geschmack. Schalotten steuern süßliche Würze bei, und Blauschimmelkäse rundet das Aroma ab. Am besten ganz frisch mit Butter servieren.

ERGIBT 10-12 STÜCK

Zutaten

200 G GRÜNKOHL, GEPUTZT
2 EL PFLANZENÖL
2 KLEINE SCHALOTTEN, FEIN GEHACKT
250 G WEIZENVOLLKORNMEHL, PLUS ETWAS MEHR ZUM BESTÄUBEN
2 TL ROHROHRZUCKER
2 TL BACKPULVER
½ TL NATRON
¼ TL SALZ
¼ TL PFEFFER
60 G KALTE BUTTER, GEWÜRFELT
150 G BLAUSCHIMMELKÄSE, ZERBRÖSELT
1 EI, LEICHT VERQUIRLT
100-125 ML BUTTERMILCH
1 EIGELB
1 EL MILCH
BUTTER, ZUM SERVIEREN (NACH BELIEBEN)

1. Den Grünkohl in den Einsatz eines Dämpfers geben und 7-10 Minuten garen. Vom Herd nehmen, abkühlen lassen und fein hacken. Dann mit den Händen möglichst viel Flüssigkeit herauspressen.

2. Inzwischen das Öl bei mittlerer Temperatur in einer Pfanne erhitzen. Die Schalotten darin etwa 5 Minuten braten, bis sie weich sind. Vom Herd nehmen und abkühlen lassen.

3. Den Backofen auf 200 °C vorheizen. Ein Backblech mit einer Silikonunterlage oder mit Backpapier auslegen.

4. Mehl, Zucker, Backpulver, Natron, Salz und Pfeffer in einer Schüssel oder in der Küchenmaschine kurz mixen. Die Butter zufügen und nochmals mixen, bis eine bröselige Masse entsteht. Schalotten, Grünkohl und 75 g Käse zufügen. Erneut mixen. Verquirltes Ei und 100 ml Buttermilch zugeben. Kurz mixen, um alles zu einem weichen, leicht klebrigen Teig zu vermischen. Wenn er zu trocken erscheint, die restliche Buttermilch zufügen.

5. Den Teig auf einer bemehlten Arbeitsfläche zu einem 2 cm dicken Kreis ausrollen.

6. Mit einer runden Ausstechform (6 cm Ø) 10-12 Kreise ausstechen, oder mit einem scharfen Messer Dreiecke ausschneiden. Auf das vorbereitete Backblech legen.

7. Eigelb und Milch verrühren. Die Scones damit einpinseln, dann mit dem restlichen Käse bestreuen. Im vorgeheizten Ofen auf der mittleren Schiene 15-18 Minuten backen, bis sie aufgegangen sind oder bis an einem in der Mitte eingestochenen Holzspieß keine Teigreste mehr haften.

8. Die Scones schmecken am besten frisch aus dem Backofen. Sie können vor dem Servieren aufgeschnitten und mit Butter bestrichen werden.

...

Tipp

Das Ausstechen gelingt am saubersten, wenn Sie den Rand der Form vorher in etwas Öl oder Mehl tauchen. Fest in den Teig drücken, dabei nicht drehen.

Kartoffel-Empanadas mit Käse & Chili

Die knusprig-zarten Empanadas werden im Backofen gebacken und sind darum gesünder als die übliche, frittierte Variante. Die unwiderstehliche Füllung besteht aus gegrillten Chilis, Kartoffelwürfeln, pikantem Fetakäse und mildem Mozzarella. Chipotle-Chilis und Koriander geben der sahnigen Sauce Pepp.

Tipp

Die Teigtaschen sind recht groß und müssen eventuell in Portionen gebacken werden. Planen Sie genug Zeit ein.

Variation

Statt der Kartoffeln können Sie auch gegarte, zerdrückte schwarze Bohnen als Füllung verwenden und eine Handvoll Maiskörner zugeben.

ERGIBT 12 STÜCK

Zutaten

Teig

425 G MEHL
¾ TL SALZ
175 G KALTE BUTTER, GEWÜRFELT
1 EI
50 ML WASSER

Füllung

225 G FLEISCHIGE, FRISCHE GRÜNE CHILIS ODER SPITZPAPRIKA
150 G MOZZARELLA, GEWÜRFELT
120 G FETAKÄSE, ZERBRÖSELT
½ ROTE ZWIEBEL, FEIN GEHACKT
1 TL GETROCKNETER OREGANO
1 TL KREUZKÜMMELSAMEN, ZERSTOSSEN
¼ TL SALZ
¼ TL PFEFFER
175 G KARTOFFELN, GEKOCHT UND GEWÜRFELT
1 EIGELB
1 EL MILCH

Sauce

225 G SAURE SAHNE
SAFT VON 1 LIMETTE
2-3 EL CHILIS IN ADOBO-SAUCE
6 EL FRISCH GEHACKTER KORIANDER

---

1. Für den Teig Mehl und Salz in der Küchenmaschine vermengen. Butter, Ei und Wasser zufügen und kurz vermengen, bis sich Klumpen bilden. Nicht zu lange verarbeiten. Zu einer flachen Kugel formen und 30 Minuten in den Kühlschrank stellen.

2. Den Backofengrill vorheizen. Für die Füllung die Chilis auf ein Backblech legen und 8-10 Minuten bei hoher Temperatur grillen, zwischendurch einmal wenden. Herausnehmen, wenn die Haut schwarz wird. Mit einem Küchentuch bedecken und 10 Minuten ruhen lassen. Die Haut abziehen. Stiel und Kerne entfernen, das Fleisch grob hacken. Den Backofen auf 220 °C vorheizen. Ein Backblech mit einer Silikonunterlage auslegen.

3. Chilis, Mozzarella, Fetakäse, Zwiebel, Oregano, Kreuzkümmel, Salz und Pfeffer in einer Schüssel mit einer Gabel kurz vermengen.

4. Das vorbereitete Backblech in den vorgeheizten Ofen schieben. Den Teig in 12 Portionen teilen und jede zu einer Kugel formen. Leicht flach drücken, dann zu 15 cm großen Kreisen ausrollen. Die Ränder mit einer Ausstechform glätten.

5. 2 Esslöffel Käsemischung und einige Kartoffelstücke auf eine Hälfte jedes Kreises geben. Die Teigränder mit Wasser anfeuchten, dann überklappen und zusammendrücken. Nochmals mit einer Gabel zusammendrücken. Eigelb und Milch in einer kleinen Schüssel verrühren und auf die Empanadas streichen. Auf das vorgeheizte Backblech legen und 15-20 Minuten goldbraun backen.

6. Inzwischen die Zutaten für die Sauce in einer Schüssel verrühren. Die Empanadas mit der Sauce servieren.

...

Tipps & Know-how für Gemüsefans

In der Küche zählt nicht nur technisches Können, sondern auch ein Blick für die Qualität. Es würde Ihnen niemals einfallen, zweitklassiges Fleisch oder Obst zu kaufen. Seien Sie bei Gemüse ebenso wählerisch!

Frische-Check

Wie frisch Gemüse ist, lässt sich anhand einiger Merkmale beurteilen.

FARBE - Klar und leuchtend. Lassen Sie vergilbtes Gemüse liegen.
FESTIGKEIT UND GEWICHT - Gemüse sollte sich fest und schwer anfühlen. Wenn es auffallend leicht ist, kann es ausgetrocknet sein.
SCHALE - Glatt und unbeschädigt. Runzeln sind ein Alterszeichen.
SCHNITTENDEN - Frisch und feucht, ohne braune Spuren.
GERUCH - Angenehm frisch, keineswegs muffig oder faulig.

Vorbereitungen

Je nach Gemüseart unterscheiden sich die Vorbereitungsmethoden.

ROHES GEMÜSE – Festes Wurzelgemüse und Kohl müssen sehr fein geraspelt werden, damit das Gebäck eine schöne Krume bekommt. Das lässt sich mit der Küchenmaschine schnell erledigen. Danach am besten noch mit einem Messer hacken.
BLATTGEMÜSE – Spinat und Mangold müssen gegart, abgegossen und ausgepresst werden. Nicht roh verwenden: Blattgemüse enthält viel Feuchtigkeit und macht den Teig matschig.
STÄRKEHALTIGES GEMÜSE – Kartoffeln oder Pastinaken am besten dämpfen. Kocht man sie in Wasser, können sie durchweichen und geschmacklich fade werden. Beim Pürieren im Mixer nur in kurzen Intervallen arbeiten, sonst wird die Masse zäh. Diese Gefahr besteht nicht, wenn man eine Kartoffelpresse verwendet.

Feucht oder fest?

Feuchtes Gemüse macht den Kuchen weich, festes gibt ihm Struktur und Biss.

FEUCHT: Mangold, Zucchini, Gurken, Kürbis
MITTELFEUCHT: Auberginen, Brokkoli, Blumenkohl, Paprika, Spinat
FEST: Knollensellerie, Pastinaken, Erbsen, Yamswurzel
MITTELFEST: Rote Bete, Karotten, Fenchel, Kartoffeln, Rüben

Feuchte und mittelfeuchte Gemüsearten sollten vorgegart und sehr gut ausgedrückt werden. Alternativ kann man sie grob raspeln und auf Küchenpapier abtropfen lassen.

Feste und mittelfeste Gemüsearten werden fein gehackt, geraspelt oder vorgegart, bevor sie zum Teig gegeben werden.

Gute Verbindungen

Durch weitere Zutaten lassen sich Geschmack und Konsistenz des Gebäcks verfeinern.

> Schokolade harmoniert wunderbar mit Roten Beten.
> Gehackter Apfel, Nüsse und kandierte Früchte ergänzen weiches Gemüse wie Mangold und Spinat durch ihren Biss.
> Kardamom, Zimt und Ingwer passen gut zu Pastinaken, Kürbis und Süßkartoffeln.
> Muskatnuss ist eine gute Ergänzung zu Kohl und Blattgemüse.
> Orangensaft und abgeriebene Orangenschale schmecken köstlich zu Karotten.
> Frisch gemahlener schwarzer Pfeffer gibt Wurzelgemüse Pepp.

Tipps & Tricks für Gebäck

Auch die folgenden Tipps werden zum Gelingen Ihres Gebäcks beitragen.

> Für Plätzchen flache, schwere Backbleche verwenden.
> Backunterlagen aus Silikon vertragen hohe Temperaturen. An ihnen klebt nichts fest.
> Backblech oder -form nach der Hälfte der Backzeit drehen, damit das Gebäck gleichmäßig bräunt.
> Kuchen vor dem Glasieren immer ganz auskühlen lassen. Geringe Restwärme genügt, um die Glasur zum Schmelzen zu bringen.
> Keine heiße Butter oder heiße Flüssigkeit zu Mischungen mit verquirltem Ei gießen, sonst kann das Ei gerinnen.

KAPITEL 4:

Tartes, Pasteten & Desserts

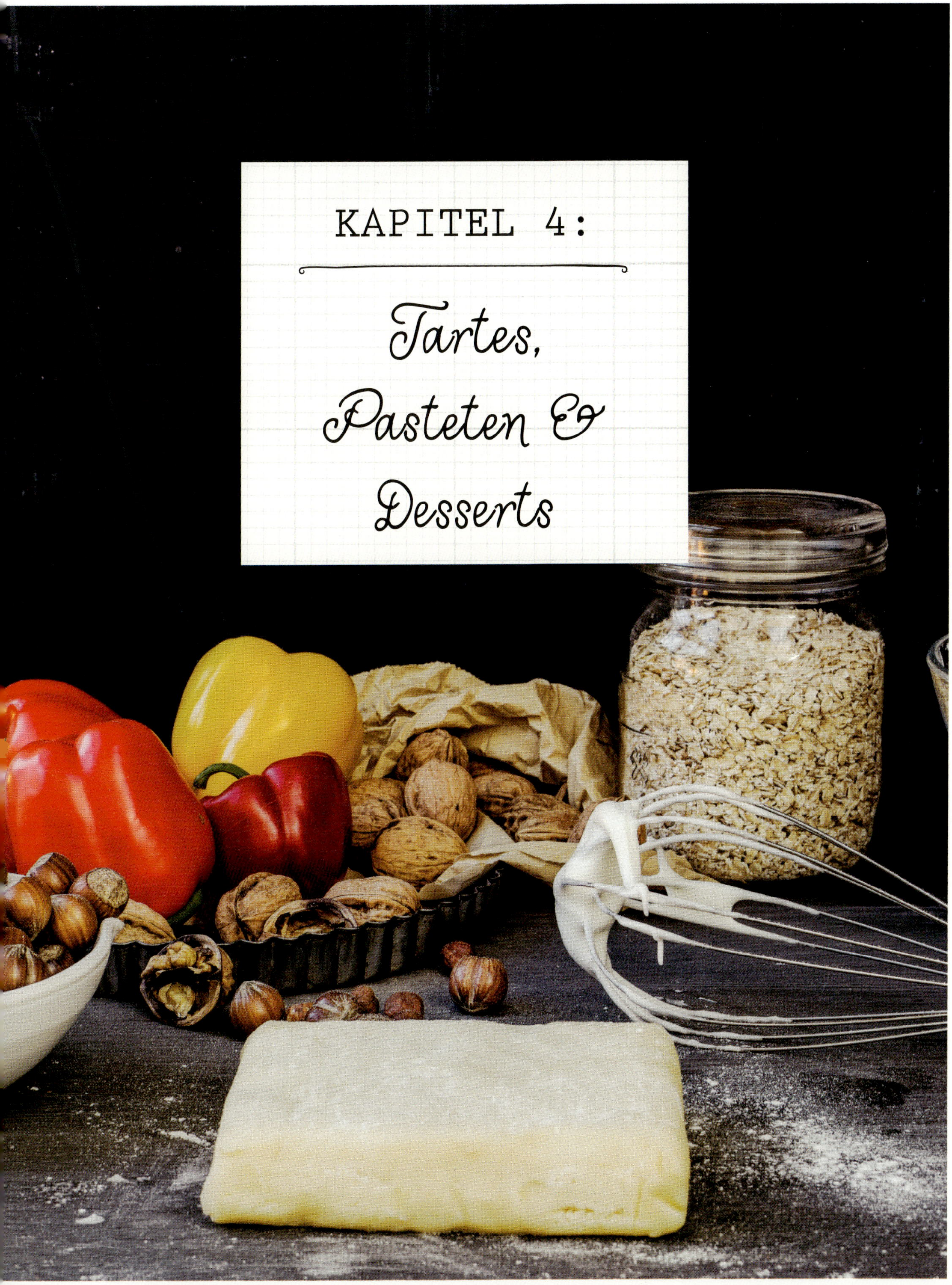

Kürbistarte mit Pekannüssen

Dieser Kuchen ist ideal für ein Partybüfett oder eine herbstliche Kaffeetafel. Der Mandelboden sorgt für ein feines nussiges Aroma.

FÜR 8 PERSONEN

Zutaten

Teig

80 G GEMAHLENE MANDELN
20 G BUTTER, GEWÜRFELT
1 EL KOKOSMEHL
1 EL STEVIA
1 EI
1 PRISE MEERSALZ

Belag

700 G KÜRBIS, GESCHÄLT UND GEWÜRFELT
2 EL KOKOSMEHL
2 EL STEVIA
1½ TL ZIMT
1 TL FRISCH GERIEBENE MUSKATNUSS
20 G BUTTER, GEWÜRFELT
2 EIER
3 EL SCHLAGSAHNE
20 G PEKANNUSSKERNE, GROB GEHACKT

1. Den Backofen auf 160 °C vorheizen. Eine Tarteform mit gewelltem Rand und Hebeboden (24 cm Ø) mit Backpapier auskleiden.

2. Für den Mandelboden alle Zutaten mit dem Handmixer zu einem Teig verarbeiten. In die vorbereitete Form drücken und einen kleinen Rand arbeiten. Mehrmals mit einer Gabel einstechen. Im vorgeheizten Ofen 15 Minuten backen, bis er goldbraun ist. Erkalten lassen. Den Backofen nicht ausschalten.

3. Inzwischen für den Belag die Kürbiswürfel in einem großen Topf mit leicht gesalzenem Wasser 10 Minuten kochen, bis sie weich sind. Abtropfen und abkühlen lassen. Kokosmehl, Stevia, Zimt, Muskat und Kürbis in der Küchenmaschine glatt pürieren. Butter, Eier und Sahne einarbeiten. Die Masse auf dem Teigboden verteilen und glatt streichen.

4. Mit den Pekannüssen bestreuen und im Ofen 55–60 Minuten backen. Nach Belieben warm oder kalt servieren.

...

Tipp

Wenn Sie das Backpapier erst gut zusammenknüllen, lässt sich auch eine Form mit gewelltem Rand einfach damit auskleiden.

Pastinaken-Zitronen-Baiser auf Haselnussteig

Ihre Gäste werden nie darauf kommen, dass die cremige Füllung aus Pastinaken besteht. Ihr frisches Zitronenaroma bildet einen tollen Kontrast zur süßen Baiserhaube und dem nussigen Mürbeteigboden.

FÜR 6 PERSONEN

Zutaten

3 PASTINAKEN (ETWA 400 G), IN DÜNNE SCHEIBEN GESCHNITTEN
¾ EL ABGERIEBENE ZITRONENSCHALE
SAFT VON 2 ZITRONEN
4 EL ROHROHRZUCKER
2 EIGELB

Haselnussteig

60 G BLANCHIERTE HASELNÜSSE, GERÖSTET UND GROB GEHACKT
170 G MEHL, PLUS ETWAS MEHR ZUM BESTÄUBEN
4 EL BRAUNER ZUCKER
1 PRISE SALZ
90 G KALTE BUTTER, GEWÜRFELT, PLUS ETWAS MEHR ZUM EINFETTEN
2 EIGELB
1-2 EL KALTES WASSER

Baiser

2 EIWEISS, ZIMMERWARM
1 PRISE SALZ
100 G ROHROHRZUCKER

---

1. Für den Teig die Haselnüsse im Mixer sehr fein hacken. Mehl, Zucker und Salz zufügen und kurz mixen. Die Butter zugeben und mixen, bis eine bröselige Masse entsteht. Eigelb und Wasser zufügen und ganz kurz mixen, bis sich Klumpen bilden. Diese auf einer leicht bemehlten Arbeitsfläche zu einem weichen Teig verkneten. In Frischhaltefolie wickeln und 30 Minuten in den Kühlschrank stellen.

2. Inzwischen die Pastinaken in den Einsatz eines Dämpfers geben und 15 Minuten garen. Etwas abkühlen lassen, dann mit Zitronenschale, Zitronensaft, Zucker und Eigelb im Mixer fein pürieren.

3. Den Backofen auf 190 °C vorheizen. Eine Tarteform mit Hebeboden (24 cm Ø) einfetten.

4. Den Teig ausrollen und die vorbereitete Form damit auslegen. Alufolie auflegen und mit Backbohnen beschweren. Im vorgeheizten Ofen 10 Minuten blind backen, dann Folie und Bohnen entfernen. Weitere 5-10 Minuten backen, bis der Boden knusprig ist. Aus dem Backofen nehmen. Die Ofentemperatur auf 160 °C reduzieren. Das Pastinakenpüree auf dem Boden verteilen und glatt rühren.

5. Für die Baiserhaube das Eiweiß mit dem Salz in einer Schüssel mit dem Handmixer steif schlagen. Den Zucker langsam einrieseln lassen, dabei weiterrühren. Die Baisermasse auf dem Kuchen verteilen und im Ofen 30-40 Minuten hellbraun backen. 10 Minuten in der Form abkühlen lassen, dann herausheben. Warm servieren.

...

Gestürzte Tarte mit gegrillter Paprika & schwarzem Pfeffer

Leuchtend rote Paprikastreifen mit köstlich klebrigem Pfefferkaramell sind die Stars dieser originellen Variante einer gestürzten Tarte. Toll als Dessert nach einem feinen Essen.

FÜR 8 PERSONEN

Zutaten

2 KLEINE, FLEISCHIGE ROTE PAPRIKA, LÄNGS HALBIERT
175 G MEHL
2 TL BACKPULVER
50 G GEMAHLENE MANDELN
175 G BUTTER, PLUS ETWAS MEHR ZUM EINFETTEN
150 G ROHROHRZUCKER
3 EIER, LEICHT VERQUIRLT
5 TROPFEN VANILLEAROMA

Karamell

50 G BUTTER
60 G ROHROHRZUCKER
1 TL ZERSTOSSENE SCHWARZE PFEFFERKÖRNER

1. Den Backofengrill bei hoher Temperatur vorheizen. Die Paprika mit der Haut nach oben 10–12 Minuten grillen, bis die Haut schwarz wird. Herausnehmen, mit einem sauberen Küchentuch abdecken und 10 Minuten stehen lassen, bis sich die Haut lösen lässt.

2. Die Grillfunktion ausschalten und den Backofen auf 180 °C regeln. Eine runde Springform (24 cm Ø) einfetten und auf ein Backblech stellen.

3. Die Paprika häuten, längs halbieren und die Kanten gerade schneiden. Schräg in 1 cm breite Streifen schneiden. Strahlenförmig mit der Oberseite nach unten in die vorbereitete Form legen.

4. Mehl, Backpulver und gemahlene Mandeln in eine Schüssel sieben. Im Sieb aufgefangene größere Mandelstücke zugeben.

5. Butter und Zucker in einer großen Rührschüssel 5 Minuten mit dem Handmixer schaumig aufschlagen. Portionsweise Mehlmischung, verquirlte Eier und Vanillearoma zufügen, zwischendurch gut durchrühren.

6. Für den Karamell Butter, Zucker und Pfefferkörner bei mittlerer bis hoher Temperatur in einem kleinen Topf erhitzen. Wenn der Zucker geschmolzen ist, die Mischung sofort über die Paprikastreifen gießen. Zügig den Teig darauf verteilen und die Oberfläche mit einem Palettenmesser glätten.

7. Im vorgeheizten Ofen 30–35 Minuten backen, bis an einem in der Mitte eingestochenen Holzspieß keine Teigreste mehr haften. 10 Minuten in der Form abkühlen lassen.

8. Die Tarte auf eine Servierplatte stürzen. Warm oder auf Zimmertemperatur abgekühlt servieren.

...

Tipp

Die Paprikastreifen mit einem Backpinsel durch den Karamell schieben, damit dieser gleichmäßig verteilt wird.

Karamellisierter Fenchel-Clafoutis mit Honig

Dünne, in Honig karamellisierte Fenchelscheiben werden in einem leichten Eierteig gebacken. Fenchel wird als Gemüse oft unterschätzt. In diesem einfachen Dessert kommt sein feines Anisaroma hervorragend zur Geltung.

Tipp

Wenn die Oberfläche zu dunkel wird, die Form gegen Ende der Garzeit mit Alufolie abdecken.

FÜR 5-6 PERSONEN

Zutaten

3 KLEINE FENCHELKNOLLEN
50 G BUTTER, PLUS ETWAS MEHR ZUM EINFETTEN
1 TL FENCHELSAMEN, LEICHT ZERSTOSSEN
1 EL FLÜSSIGER, MILDER HONIG, Z.B. AKAZIENHONIG
1 SPRITZER ZITRONENSAFT
10 G ROHROHRZUCKER, ZUM BESTREUEN

Teig

3 EIER, LEICHT VERQUIRLT
300 ML MILCH
50 G BRAUNER ZUCKER
15 TROPFEN VANILLEAROMA
70 G MEHL, GESIEBT

1. Den Backofen auf 180 °C vorheizen. Eine Auflaufform (20 cm x 28 cm) einfetten.

2. Die Zutaten für den Teig in einem großen Messbecher verrühren und beiseitestellen.

3. Den Fenchel putzen, die harten Außenblätter entfernen. Die Knollen längs in sehr dünne Scheiben schneiden.

4. Die Butter bei mittlerer Temperatur in einer Pfanne erhitzen. Fenchel, Fenchelsamen, Honig und Zitronensaft zufügen und etwa 15 Minuten unter ständigem Rühren garen, bis der Fenchel goldbraun und mit Sirup überzogen ist.

5. Inzwischen eine dünne Schicht Teig auf den Boden der vorbereiteten Form gießen. Im vorgeheizten Ofen 5-7 Minuten backen, bis er gerade fest ist.

6. Den Fenchel auf dem Teig verteilen und die Flüssigkeit aus dem Topf darüberträufeln. Mit dem restlichen Teig übergießen.

7. Wieder in den Backofen geben und 40-50 Minuten backen, bis der Auflauf aufgegangen und goldbraun ist, oder bis an einem in der Mitte eingestochenen Holzspieß keine Teigreste mehr haften.

8. Mit dem Zucker bestreuen und warm servieren.

...

Karotten & Pfirsiche mit Hafer-Pistazien-Streuseln

FÜR 6 PERSONEN

Zutaten

4 VOLLREIFE PFIRSICHE
3-4 KAROTTEN, GESCHÄLT
50 G BUTTER, PLUS ETWAS MEHR ZUM EINFETTEN
½ EL KREUZKÜMMELSAMEN, LEICHT ZERSTOSSEN
3 EL ROHROHRZUCKER
DÜNN ABGESCHÄLTE SCHALE UND SAFT VON 1 GROSSEN ORANGE

Streuselbelag

75 G GROBE HAFERFLOCKEN
100 G MEHL
100 G BUTTER
100 G ROHROHRZUCKER
2 TL KREUZKÜMMELSAMEN, LEICHT ZERSTOSSEN
10 TROPFEN VANILLEAROMA
4 EL PISTAZIENKERNE, GROB GEHACKT

1. Den Backofen auf 190°C vorheizen. Eine Auflaufform (20 cm x 28 cm) einfetten. Ein Backblech mit Backpapier auslegen.

2. Alle Zutaten für den Belag - mit Ausnahme der Pistazien - in der Küchenmaschine in kurzen Intervallen zerkleinern, bis sich Klumpen bilden.

3. Auf das vorbereite Backblech geben und 1 cm dick zu einem Rechteck oder Kreis formen. Die Pistazien gleichmäßig auf der Masse verteilen und mit den Fingern andrücken. Im vorgeheizten Ofen 15 Minuten backen, bis die Ränder goldbraun werden. Aus dem Backofen nehmen (nicht ausschalten!) und abkühlen lassen. Dabei wird die Masse knusprig.

4. Inzwischen die Pfirsiche längs halbieren und die Steine herauslösen. Jede Hälfte in 3 Spalten schneiden.

5. Die Karotten putzen und in 5 cm lange Stücke schneiden. Dann mit einem Sparschäler längs in dünne Scheiben schneiden, dabei die Karottenstücke drehen. Das harte Innere wird nicht verwendet.

6. Butter und Kreuzkümmelsamen bei mittlerer bis hoher Temperatur in einer großen Pfanne erhitzen. Den Zucker zufügen und rühren, bis er geschmolzen ist. Die Karottenscheiben zugeben und 10 Minuten garen. Dann Pfirsiche, Orangenschale und -saft zufügen. 2-3 Minuten gut durchwärmen.

7. Karotten und Pfirsiche mit der Flüssigkeit in die vorbereitete Auflaufform füllen. Den Belag in Streusel brechen und darauf verteilen. 15-20 Minuten backen, bis die Flüssigkeit brodelt.

8. Warm oder auf Zimmertemperatur abgekühlt servieren.

...

Pastinaken-Birnen-Auflauf mit Mandeln

FÜR 5-6 PERSONEN

Zutaten

3 PASTINAKEN
4 FESTE BIRNEN, Z.B. CONFERENCE
SAFT VON 1 GROSSEN ZITRONE
50 G BUTTER, PLUS ETWAS MEHR ZUM EINFETTEN
SAMEN AUS 5 KARDAMOMKAPSELN, LEICHT ZERSTOSSEN
50 G ROHROHRZUCKER, PLUS ETWAS MEHR ZUM BESTREUEN
3 EL MANDELBLÄTTCHEN

Teig

150 G MEHL
75 G GEMAHLENE MANDELN
2 TL BACKPULVER
100 G ROHROHRZUCKER
SAMEN AUS 4 KARDAMOMKAPSELN, GROB GEMAHLEN
75 G KALTE BUTTER, GEWÜRFELT
1 EI
100 ML BUTTERMILCH

1. Für den Teig Mehl, gemahlene Mandeln und Backpulver sieben und in die Küchenmaschine geben. Zucker und Kardamom zufügen und kurz mixen. Die Butter zugeben und nochmals mixen, bis die Masse bröselig ist.

2. Das Ei mit der Buttermilch verquirlen. Zu den anderen Zutaten in die Küchenmaschine geben und alles kurz zu einem weichen Teig mixen. In eine Schüssel umfüllen und beiseitestellen.

3. Die Pastinaken in Stifte (5 cm x 1 cm) schneiden. In den Einsatz eines Dämpfers geben und 10 Minuten garen.

4. Den Backofen auf 190 °C vorheizen. Eine ovale Auflaufform (23 cm x 30 cm) einfetten.

5. Inzwischen die Birnen vierteln und entkernen. Jedes Viertel längs halbieren, in eine Schüssel legen und mit dem Zitronensaft beträufeln.

6. Die Butter bei mittlerer bis hoher Temperatur in einer großen Pfanne zerlassen. Zerstoßene Kardamomsamen und Zucker unter ständigem Rühren einige Sekunden erhitzen, dann die Pastinaken zugeben und mit der Rückseite eines Kochlöffels leicht zerdrücken. 2-3 Minuten braten. Die Birnen mit dem Zitronensaft zugeben und 3-5 Minuten erhitzen.

7. Die Birnen-Pastinaken-Mischung in die Auflaufform geben. Den Teig in walnussgroßen Portionen daraufsetzen und mit den Mandelblättchen bestreuen.

8. Im vorgeheizten Ofen 30-35 Minuten goldbraun backen. Mit etwas Zucker bestreuen und warm oder auf Zimmertemperatur abgekühlt servieren.

...

Rhabarber-Orangen-Crumble

Das traditionelle Dessert bekommt durch Saft und Schale einer Orange eine interessante Note. Die Haferflocken geben der Streuselkruste knackigen Biss.

FÜR 4 PERSONEN

Zutaten

500 G RHABARBER, ABGEZOGEN UND IN STÜCKE GESCHNITTEN
50 G FEINER ZUCKER
FEIN ABGERIEBENE SCHALE UND SAFT VON 1 ORANGE

Streusel

50 G MEHL
50 G HELLER MUSKOVADO-ZUCKER
50 G BUTTER
40 G HAFERFLOCKEN
40 G GEMAHLENE MANDELN

1. Den Backofen auf 200°C vorheizen. Den Rhabarber mit Zucker, Orangenschale und -saft in einem Topf zum Kochen bringen. Die Hitze reduzieren und bei geschlossenem Deckel etwa 5 Minuten weich dünsten.

2. Die Rhabarbermischung in eine Auflaufform (1,3 l Inhalt) geben. Die Form auf ein Backblech setzen.

3. Für die Streusel Mehl und Zucker in einer Schüssel mischen. Die Butter zugeben und mit den Fingern in die Mehlmischung reiben, bis eine krümelige Masse entstanden ist. Haferflocken und Mandeln untermischen.

4. Die Streusel auf dem Rhabarber verteilen. Im vorgeheizten Ofen 25-30 Minuten goldbraun backen. Warm servieren.

...

Tipp

Das Dessert schmeckt solo köstlich, aber wenn wenn Sie es üppiger mögen, servieren Sie dazu selbst gemachte Vanillesauce oder flüssige Schlagsahne.

Baiser-Rolle mit Pfefferkörnern

Zartes Baiser mit grünen Pfefferkörnern, gefüllt mit Frischkäsecreme, marinierter Gurke und Erdbeeren – da werden Ihre Gäste gern zweimal zugreifen.

FÜR 8 PERSONEN

Zutaten

- 1 GROSSE SALATGURKE, LÄNGS GEVIERTELT UND ENTKERNT
- 250 G DOPPELRAHMFRISCHKÄSE
- 2 EL ROHROHRZUCKER, PLUS ETWAS MEHR ZUM BESTREUEN
- 200 G SCHLAGSAHNE
- 1 EL FRISCH GEHACKTE MINZE, PLUS EINIGE MINZEBLÄTTER ZUM DEKORIEREN
- 2 TL GETROCKNETE GRÜNE PFEFFERKÖRNER, LEICHT ZERSTOSSEN
- 280 G ZIMMERWARME ERDBEEREN, LÄNGS IN DÜNNE SCHEIBEN GESCHNITTEN

Baiser

- 4 EIWEISS
- 1 PRISE SALZ
- 250 G ROHROHRZUCKER
- 1 EL GETROCKNETE GRÜNE PFEFFERKÖRNER, LEICHT ZERSTOSSEN

1. Den Backofen auf 180 °C vorheizen. Ein großes Biskuitrollen-Backblech mit Backpapier auslegen.

2. Die Gurkenviertel schräg in dünne Scheiben schneiden, in ein Sieb geben und dieses auf eine Schüssel setzen. Mit etwas Zucker bestreuen und mindestens 1 Stunde abtropfen lassen. Zwischendurch gelegentlich umrühren.

3. Inzwischen für die Baisermasse das Eiweiß in einer großen, fettfreien Schüssel mit dem Handmixer etwa 3 Minuten steif schlagen. Den Zucker esslöffelweise einarbeiten, dann die Pfefferkörner einrühren.

4. Die Masse auf dem vorbereiteten Blech verteilen, glatt streichen und im vorgeheizten Ofen 6-8 Minuten hellgoldbraun backen. Die Ofentemperatur auf 140 °C reduzieren und weitere 10 Minuten backen.

5. Das Baiser auf einen Bogen Backpapier stürzen. Das Papier von der Unterseite abziehen. 10 Minuten abkühlen lassen.

6. Frischkäse, Zucker und Sahne cremig rühren. Minze und Pfefferkörner unterrühren. Die Creme gleichmäßig auf dem Baiser verteilen, dabei ringsherum am Rand 2 cm frei lassen.

7. Die Gurkenstücke sorgfältig mit Küchenpapier trocken tupfen. Gurken- und Erdbeerscheiben auf der Creme verteilen, einige Stücke zum Dekorieren beiseitelegen.

8. Das Backpapier an der Schmalseite anheben und das Baiser aufrollen. Auf eine Servierplatte legen und 30 Minuten in den Kühlschrank stellen. Mit den restlichen Gurken- und Erdbeerscheiben sowie Minzeblättern dekorieren. Sofort servieren.

...

Rote-Bete-Rolle mit Schokolade, Mandarine & Kirschfüllung

Rote Beten machen diesen nahezu fettfreien Biskuit wunderbar saftig. Die süße Füllung aus Frischkäse und weißer Schokolade bekommt durch abgeriebene Mandarinenschale und getrocknete Kirschen eine herbe Note. Perfekt zum Nachmittagskaffee.

FÜR 8-10 PERSONEN

Zutaten

280 G ROTE BETEN, IN SCHEIBEN GESCHNITTEN
1 EL ÖL, ZUM EINFETTEN
175 G MEHL, PLUS ETWAS MEHR ZUM BESTÄUBEN
2 EL KAKAOPULVER
1 TL NATRON
4 EIER
200 G ROHROHRZUCKER, PLUS ETWAS MEHR ZUM BESTREUEN
10 TROPFEN VANILLEAROMA
120 ML BUTTERMILCH

Füllung

70 G WEISSE SCHOKOLADE
160 G DOPPELRAHMFRISCHKÄSE
35 G WEICHE BUTTER
40 G PUDERZUCKER, GESIEBT, PLUS ETWAS MEHR ZUM BESTREUEN
2-3 TROPFEN VANILLEAROMA
FEIN ABGERIEBENE SCHALE VON 1 MANDARINE
70 G GETROCKNETE KIRSCHEN

---

1. Die Roten Beten in den Einsatz eines Dämpfers geben und 30 Minuten garen. In einem Mixer glatt pürieren. In eine Schüssel füllen und beiseitestellen.

2. Den Backofen auf 190 °C vorheizen. Ein Biskuitrollen-Backblech (35 cm x 25 cm) mit dem Öl einpinseln, mit Backpapier auslegen und mit etwas Mehl ausstäuben. Mehl, Kakaopulver und Natron 2-mal sieben und in eine Schüssel geben. Eier und Zucker mit dem Handmixer 6-8 Minuten dick und cremig aufschlagen. Rote-Bete-Püree und Vanillearoma unterrühren. Langsam die Mehlmischung abwechselnd mit der Buttermilch einrühren.

3. Den Teig in die vorbereitete Form füllen und glatt streichen. Im vorgeheizten Ofen 10-15 Minuten backen, bis die Oberfläche auf Fingerdruck elastisch nachgibt. Einen Bogen Backpapier dünn mit Zucker bestreuen. Den Teig auf das bestreute Papier stürzen. Das Backpapier von der Unterseite abziehen, dann den Teig mitsamt dem Backpapier von der Schmalseite her aufrollen. Abkühlen lassen.

4. Für die Füllung die Schokolade in eine hitzebeständige Schüssel geben, auf einen Topf mit schwach köchelndem Wasser setzen und schmelzen. Etwas abkühlen lassen, dann mit Frischkäse, Butter, Puderzucker, Vanillearoma und Mandarinenschale verrühren.

5. Den Teig vorsichtig entrollen und das Papier entfernen. Gleichmäßig mit der Creme bestreichen und mit den Kirschen bestreuen. Wieder aufrollen und in Frischhaltefolie wickeln. Mindestens 1 Stunde in den Kühlschrank stellen. Die Rolle mit der Naht nach unten auf eine Servierplatte legen. An jedem Ende eine dünne Scheibe abschneiden. Die Rolle mit Puderzucker bestreuen, in Scheiben schneiden und servieren.

...

Filoteig-Pastete mit Mangold-Ricotta-Füllung

Diese Filoteig-Pastete kennt man mit Spinat, aber Mangold verleiht ihr ein erdigeres Aroma. Knackige Pinienkerne geben der Pastete Biss, und der pikante Parmesan ergänzt den cremig-milden Ricotta.

FÜR 9 PERSONEN

Zutaten

- 900 G VERSCHIEDENFARBIGER MANGOLD
- 60 G BUTTER
- 2 PORREESTANGEN, IN RINGE GESCHNITTEN
- 2 KNOBLAUCHZEHEN, IN DÜNNE SCHEIBEN GESCHNITTEN
- 3 EL FRISCH GEHACKTE GEMISCHTE KRÄUTER, Z.B. THYMIAN, MAJORAN UND GLATTE PETERSILIE
- 400 G RICOTTA
- 60 G PARMESAN, FRISCH GERIEBEN
- ⅛ TL FRISCH GERIEBENE MUSKATNUSS
- 2 EIER, VERQUIRLT
- 12 GROSSE BLÄTTER FILOTEIG
- OLIVENÖL, ZUM BESTREICHEN
- 50 G PINIENKERNE
- MEERSALZ UND PFEFFER

1. Die Mangoldstiele in Stücke und die Blätter in dünne Streifen schneiden.

2. Die Butter in einer großen Pfanne auf mittlerer Stufe erhitzen. Porree und Mangoldstiele hinzufügen und 5-7 Minuten dünsten.

3. Mangoldblätter, Knoblauch und Kräuter hinzufügen. Abdecken und sanft dünsten, bis die Blätter gar sind. Das Gemüse in ein Sieb geben und abtropfen lassen.

4. Ricotta, Parmesan, Muskat und Eier in einer großen Schüssel verrühren. Das abgetropfte Gemüse unterrühren. Mit Salz und Pfeffer würzen.

5. Den Backofen auf 190 °C vorheizen. Eine eingefettete Auflaufform (23 cm x 30 cm) mit 1 Blatt Filoteig auslegen. Mit Öl bestreichen und mit einigen Pinienkernen bestreuen. 5 weitere Blätter auflegen, dabei jedes leicht mit Öl bestreichen und mit Pinienkernen bestreuen.

6. Die Füllung darauf verteilen. Mit 5 weiteren Blättern abdecken und jedes leicht mit Öl bestreichen und mit Pinienkernen bestreuen. 1 abschließendes Blatt darauflegen und mit Öl bestreichen.

7. Mit einem scharfen Messer den Teig einschneiden, sodass Quadrate mit 7,5 cm Seitenlänge entstehen.

8. Im vorgeheizten Ofen 35-40 Minuten goldgelb und knusprig backen. In Stücke schneiden und heiß oder auf Zimmertemperatur abgekühlt servieren.

...

Tipp

Anstelle von Parmesan können Sie auch Grana Padano für diese Pastete verwenden.

Schinkenpastete mit Steckrüben & Zwiebeln

Die herzhafte Pastete schmeckt als leichtes Mittagessen im Winter. Mit Kartoffelpüree und Erbsen, grünen Bohnen oder gedünstetem Spinat wird daraus eine vollständige Mahlzeit.

FÜR 4 PERSONEN

Zutaten

600 G GEKOCHTER SCHINKEN, GEWÜRFELT
80 G BUTTER
2 ZWIEBELN, GEHACKT
450 G STECKRÜBE, GEWÜRFELT
1 TL FRISCH GEHACKTER SALBEI
25 G MEHL, PLUS ETWAS MEHR ZUM BESTÄUBEN
600 ML MILCH
325 G FERTIGER BLÄTTERTEIG, AUFGETAUT, FALLS TIEFKÜHLWARE
1 EI, VERQUIRLT, ZUM BESTREICHEN
SALZ UND PFEFFER

1. Den Schinken in eine große Schüssel geben und beiseitestellen. 50 g Butter in einer großen Pfanne bei mittlerer Temperatur zerlassen. Zwiebeln, Steckrübe und Salbei mit Salz und Pfeffer nach Geschmack darin bei mittlerer bis hoher Temperatur unter gelegentlichem Rühren 35-40 Minuten goldbraun braten.

2. Inzwischen die restliche Butter in einem kleinen Topf bei mittlerer Temperatur zerlassen. Das Mehl darin unter ständigem Rühren 1-2 Minuten anschwitzen. Langsam die Milch zugeben und unter Rühren köcheln, bis eine glatte Sauce entsteht. Vom Herd nehmen und mit Salz und Pfeffer abschmecken.

3. Den Backofen auf 220 °C vorheizen. Den Teig auf einer leicht bemehlten Arbeitsfläche zu einem Rechteck ausrollen, das etwas größer als die verwendete rechteckige Auflaufform ist (sie sollte etwa 26 cm x 18 cm groß sein).

4. Das goldbraun gebratene Gemüse in die Schüssel zum Schinken geben. Die helle Sauce unterrühren. Die Mischung in die Auflaufform füllen. Den Rand der Form mit etwas verquirltem Ei bestreichen und den Teigdeckel auf die Füllung legen.

5. Den Teig am Formrand andrücken. Überstehenden Teig abschneiden und daraus Formen zum Verzieren der Oberfläche ausschneiden. Den Teig mit dem restlichen verquirlten Ei bestreichen und im vorgeheizten Backofen 15-20 backen, bis der Teigdeckel aufgegangen und goldbraun ist. Sofort servieren.

...

Tipp

Wenn der Teig zu dunkel wird, decken Sie ihn gegen Ende der Backzeit mit Alufolie ab.

Register